> 만화

우리 아이 머리에선

무슨 일이 일어나고 있을까?

만화
우리 아이 머리에선
무슨 일이 일어나고 있을까?

1판 1쇄 찍음 2023년 10월 23일
1판 1쇄 펴냄 2023년 11월 10일

글·그림 안승철

주간 김현숙 | 편집 김주희, 이나연
디자인 이현정, 전미혜
영업·제작 백국현 | 관리 오유나

펴낸곳 궁리출판 | 펴낸이 이갑수

등록 1999년 3월 29일 제300-2004-162호
주소 10881 경기도 파주시 회동길 325-12
전화 031-955-9818 | 팩스 031-955-9848
홈페이지 www.kungree.com
전자우편 kungree@kungree.com
페이스북 /kungreepress | 트위터 @kungreepress
인스타그램 /kungree_press

ⓒ 안승철, 2023.

ISBN 978-89-5820-860-0   07510

책값은 뒤표지에 있습니다.
파본은 구입하신 서점에서 바꾸어 드립니다.

우리 아이 머리에선
무슨 일이 일어나고 있을까?

안승철 (단국대학교 의과대학 교수) 글·그림

아이를 잘 키워보려는 세상 모든 부모들을 위해
의대 교수가 쓰고 그린 출산·양육 가이드북

궁리
KungRee

작가의 말

이 책의 제목은 2004년에 제가 번역한 리즈 엘리엇의 『우리 아이 머리에선 무슨 일이 일어나고 있을까?』를 모태로 합니다. 이 책은 신생아의 뇌 발달에 관한 내용이 풍부해 독자들에게 꽤 많은 사랑을 받았고, 단국대학교 교양 과목인 〈신생아 인지 발달〉에서 아직도 참고문헌으로 사용하고 있습니다. 그러나 수 년 전 절판되어 시중에서 구하기가 어렵게 되었죠. 잠재적 수요의 압력과 20년 가까운 세월 동안 학계에서 새롭게 밝혀진 내용들을 반영하여 제가 직접 새로 책을 집필해야겠다는 생각을 한 지는 오래됐지만 이런저런 이유로 쉽게 일에 착수하지 못했습니다.

최근 저는 어려운 의학 지식을 만화로 풀어서 일반인들에게 설명하는 작업에 관심을 가지게 되었습니다. 얼마 전 『만화로 미리 보는 의대 신경학 강의』를 내면서, 새롭게 부모가 된 독자들에게 만화의 형식을 빌려 필요한 의학 지식을 담아 설명해보는 일을 다음 과제로 삼기로 마음먹었습니다. 그 결실로 예전 번역서의 제목을 가져와 이 만화책을 펴내게 되었습니다.

『만화 우리 아이 머리에선 무슨 일이 일어나고 있을까?』는 예전 번역서에서 제목을 가지고 왔을 뿐, 내용 면에서는 많이 다른 책입니다. 특히 이 책에서는 부모의 관점을 취하려고 애썼습니다. 아기의 발달 외에도 산후 우울증이나 아기의 잠투정 극복 방안 등 부모의 입장을 더 반영하였으며, 성 역할이나 도덕적 관념 발달의 사회적 측면 역시 강조하였죠. 아기의 발달을 날마다 관찰하는 부모의 시각을 최대한 반영하여 출생 후 1년이란 시간에 맞춰 아기의 발달과정을 기술한 점도 그렇습니다.

저는 『우리 아이 머리에선 무슨 일이 일어나고 있을까?』를 번역한 이후 아이의 발달이나 제 전공인 의학과 관련하여 다섯 권의 책을 집필하였습니다. 작가의 길로 들어서게 한 책일 뿐 아니라, 제가 아이를 키우는 과정에서 번역한 책인지라 제겐 무척 의미가 깊습니다. 이번 만화책도 마찬가지입니다. 만화 속에 나오는 여러 이야기들은 대부분 제가 직접 경험한 것입니다. 심지어 육아 일기의 내용은 우리 아이를 키울 때 쓴 것을 그대로 가져온 것도 있을 정도니까요. 2004년 책을 번역할 때 우리 아이는 돌쟁이였습니다만, 그 사이 성장하여 대학생이 되었습니다. 아이의 가장 중요한 시기의 처음과 끝에서 육아서를 내는 소감이 남다릅니다. 이 책을 쓰는 내내 아내와 아이에게 고맙다는 생각을 했습니다. 그리고 그 마음을 책으로 남길 수 있어 다행이라고 생각했습니다. 이 책은 우리 집 육아의 20년 세월에 대한 헌사라고 할 수 있습니다.

한 가정에 아이가 태어나면 새로운 이야기들이 생겨납니다. 가정마다 그 이야기들은 모두 다르죠. 그 모든 이야기에 공통적으로 적용되는 방법은 찾기 어려울지 모릅니다만, 저는 예비 부모들과 초보 부모들에게 이 책이 조금이나마 도움이 될 것으로 확신합니다. 아이를 잘 키워보겠다는 다짐과 사랑이 넘치는 부모들에게 과학적 지식은 한 방울만으로도 충분하기 때문입니다.

차례

작가의 말　4

01 ── 아이를 기다리며—난자 그리고 정자　9
02 ── 수정과 착상으로 가는 멀고 험한 길　19
03 ── 태아, 이렇게 자라요　24
04 ── 뱃속에서도 다 들려요　33
05 ── 태아가 느끼는 맛　38
06 ── 태아도 통증을 느낄까?　43
07 ── 일찍 태어나면 머리가 나쁘다는 소문들　45
08 ── 태어나기 전에 받는 검사들　50
09 ── 임신 중 무얼 먹고 무얼 먹지 말아야 할까?　60
10 ── 스트레스가 아이에게 주는 영향　74
11 ── 우울증, 엄마도 아이도 힘들다　79
12 ── 출산의 진행 과정　83
13 ── 드디어 나오는 거니?　92
14 ── 전쟁 같은 밤이 시작되다—신생아 돌보기 · 수유　96
15 ── 이 녀석 날 따라하네—혀 내밀기　108

16 ─── 아기는 얼굴을 좋아해―아기가 보는 것들 114
17 ─── 아기들이 마음을 읽는 법 121
18 ─── 나 네 편 할래 126
19 ─── 뻗고 잡고 기고 걷는 아기의 손과 발 130
20 ─── 달래는 게 이렇게 힘든 일이었다니 137
21 ─── 아기는 어떻게 잠드는지 몰라요 145
22 ─── 엄마 아빠랑 놀자 166
23 ─── 베이비 사인과 말 배우기 175
24 ─── 엄마가 제일 좋아 194
25 ─── 타고난 기질이 결정하는 것들 202
26 ─── 그게 그렇게 재미있니?―아기들의 실험 212
27 ─── 뱃속에서 놀던 거 기억나니?―아기의 기억 220
28 ─── 일찍 가르치면 빨리 배울까? 238
29 ─── 여자아이들은 정말 수학을 싫어할까? 244
30 ─── 아이는 부모를 보고 자란다 261

참고문헌 267
주제별 참고자료 269

01 | 아이를 기다리며—난자 그리고 정자

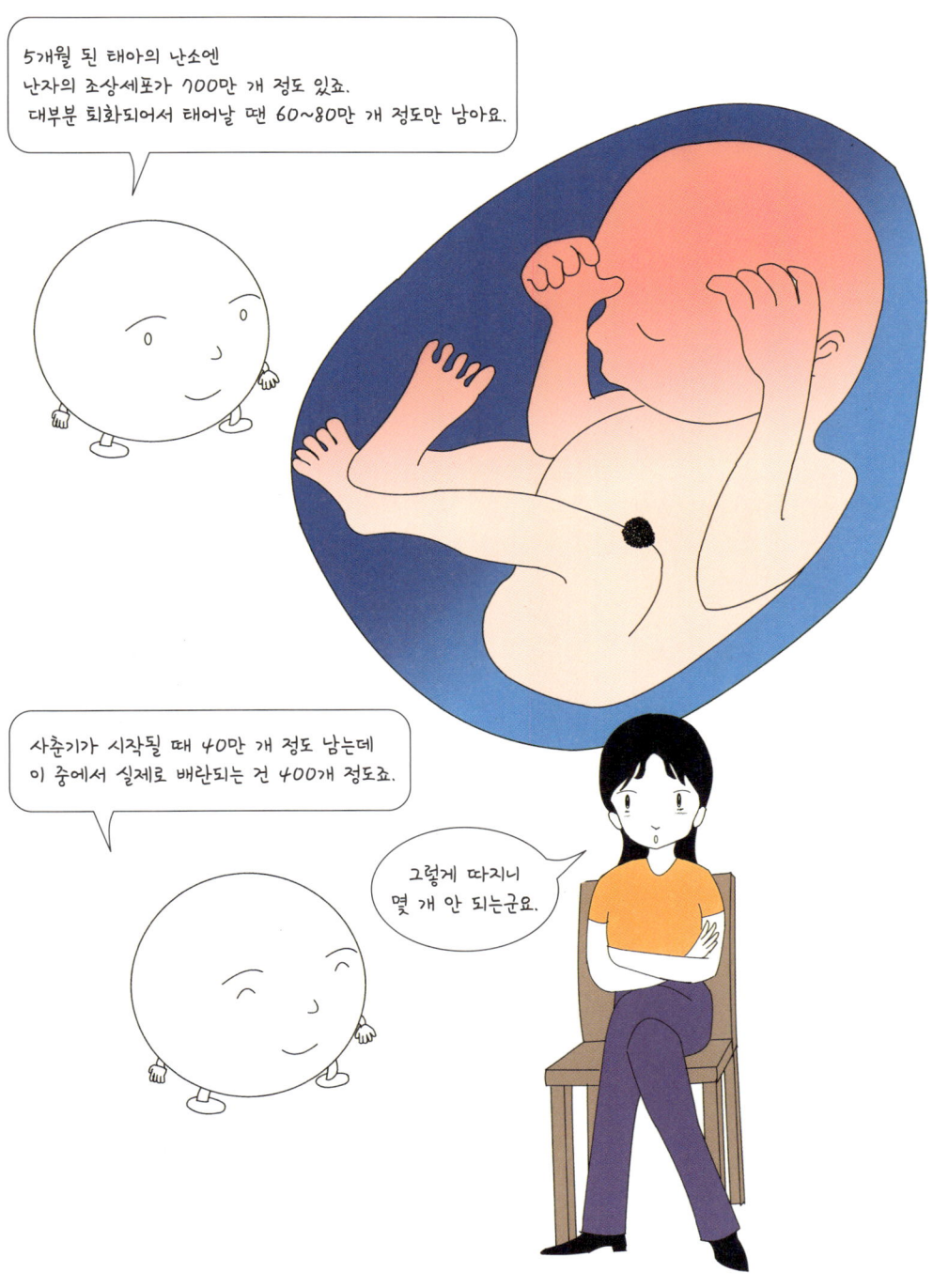

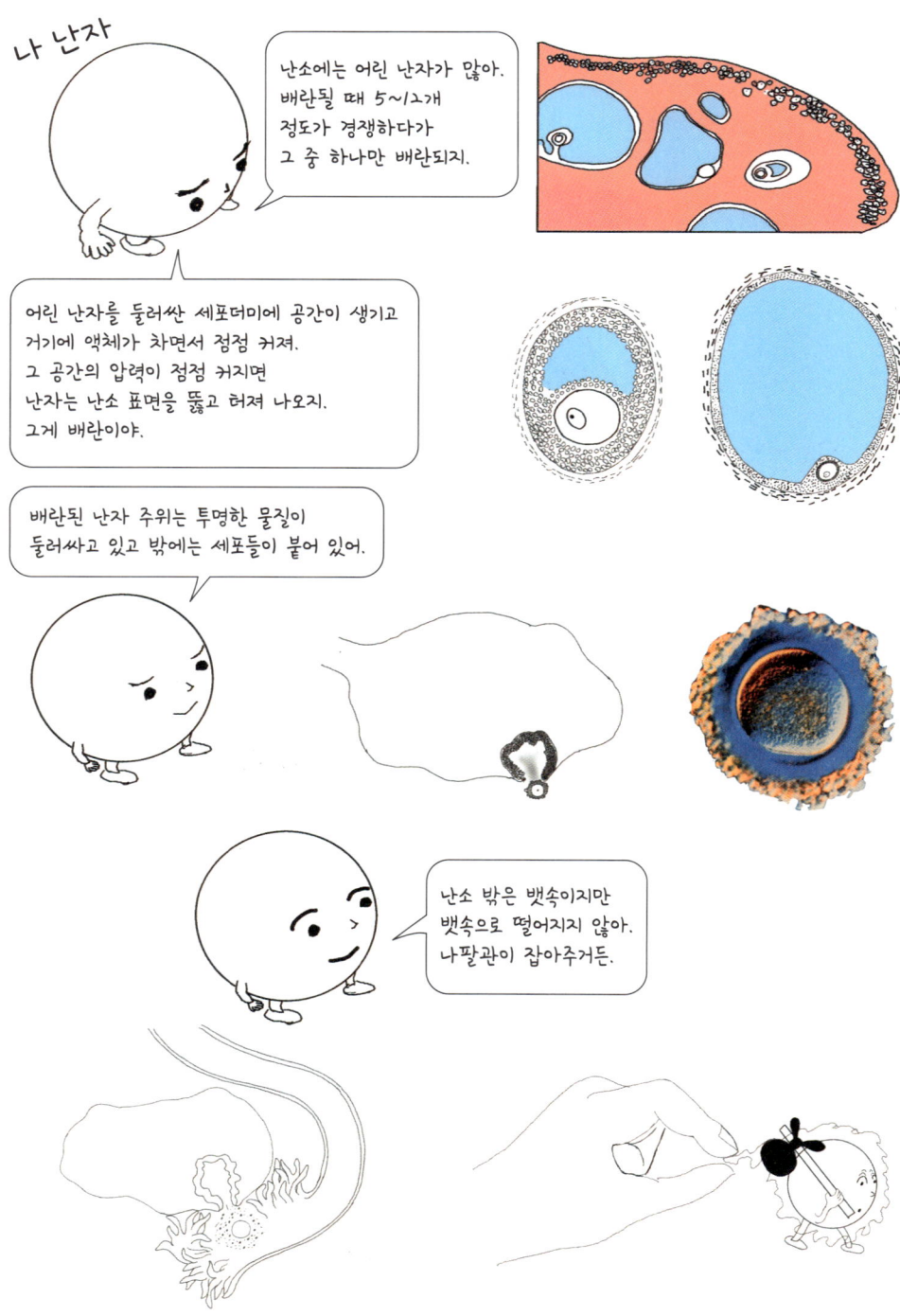

배란될 난자가 어떻게 선정되는지는 잘 모르지만…

3번!

몸 관리 잘해.

언니!

선택되었다고 여유 부릴 새가 없다.

여유 부릴 시간 없어. 48시간밖에 없다고.

뭘 그리 닦달을 하고 그래요. 48시간이 지나면 어떻게 되는데요?

나팔관에서 48시간 안에 수정이 안 된다면 자궁으로 내려가서 흡수되거나 질로 배출된다.
참고로 말하자면 배란 후 12시간 안에 수정이 일어나는 경우가 제일 많다.
배란 후 24시간이 지나면 수정능력이 많이 떨어진다.

어째 기분이 쌔~한데.

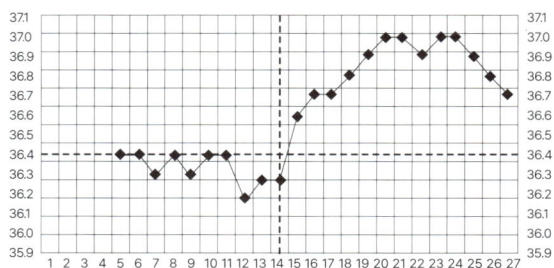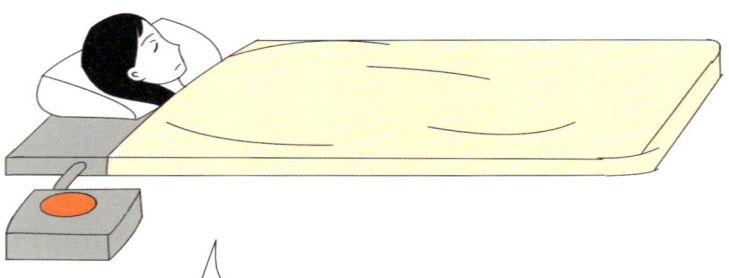

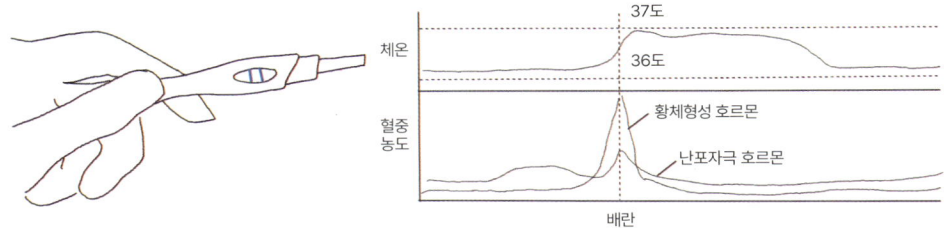

소변 내 황체형성 호르몬을 측정하는 배란 진단키트도 좋아요. 이 호르몬이 증가한 후 하루나 이틀 안에 배란이 일어나죠. 배란 3~5일 전부터 꾸준히 검사해서 호르몬 증가를 확인하는 것이 좋습니다.

그날을 딱 못 맞추면 어떻게 하죠? 어제는 했는데 오늘은 아무래도···

이론적으로는 정자가 자궁 내에서 5일까지 산다고는 하지만··· 48시간을 최대로 잡는 게 좋아요. 약간의 여유가 있는 셈이죠.

이제 정자 얘기도 좀 할까요?

어디서 소리가?

이리 오너라!

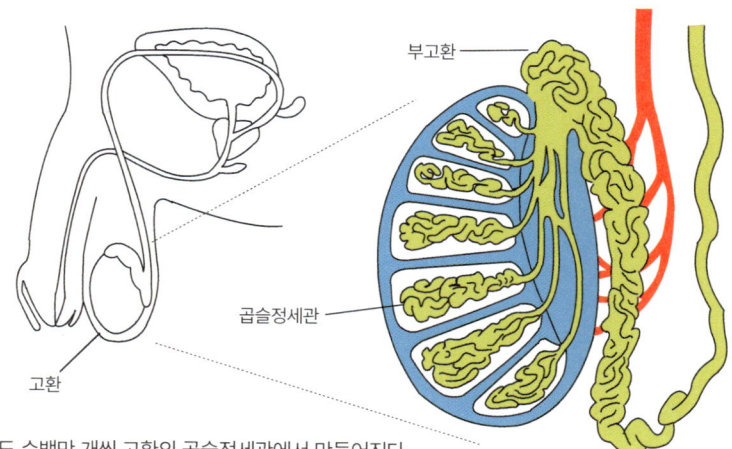

정자는 하루에도 수백만 개씩 고환의 곱슬정세관에서 만들어진다.
초당 1500개 정도이다. 성숙한 정자가 만들어지는 데 약 두 달 정도 걸린다.
부고환에서 성숙되는데 만약 사정되지 않고 남은 정자는 결국 몸으로 흡수되고 만다.

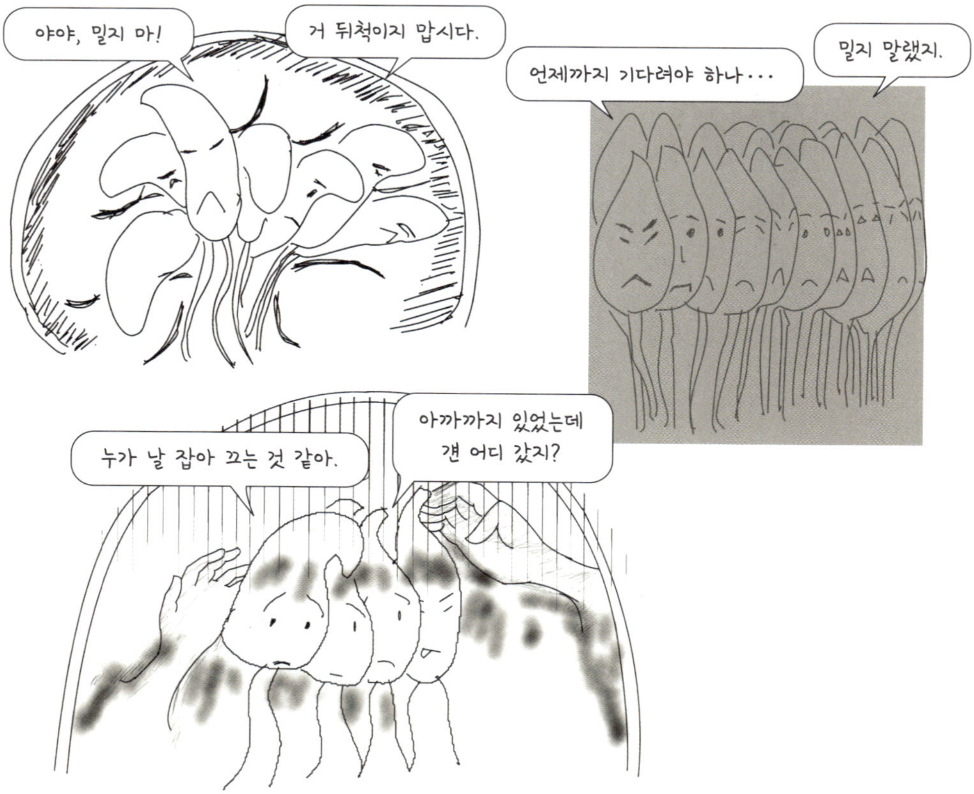

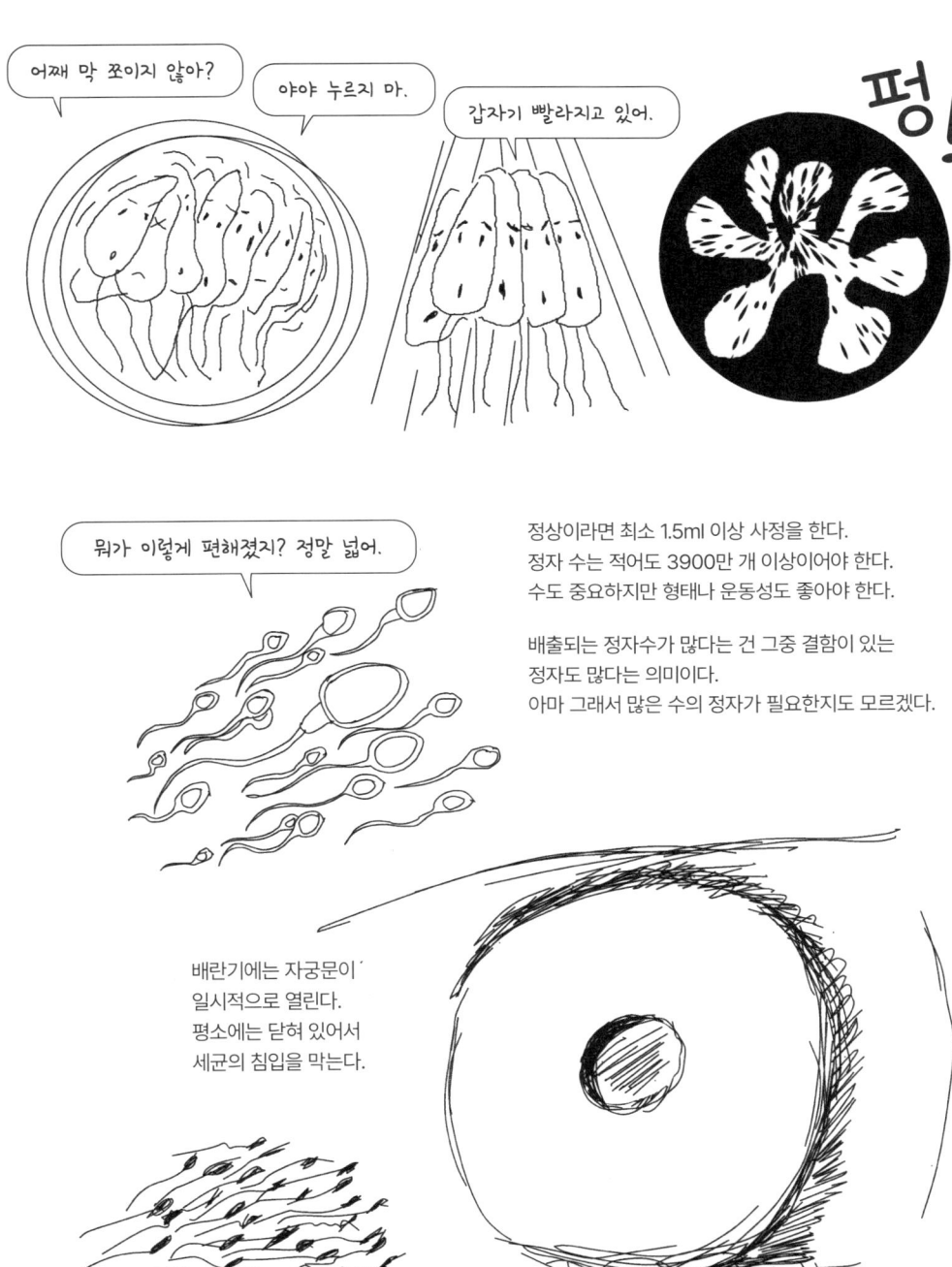

그렇지만 그 시냇물은 일차 방벽이다.
여기서 한 번 거른다.

02 | 수정과 착상으로 가는 멀고 험한 길

난자에서 정자를 끄는 물질을 분비하기 때문에
대부분의 정자는 길을 잘 찾는 편이지만
그렇다고 반대 방향으로 가는 정자가 없다는 뜻은 아니다.

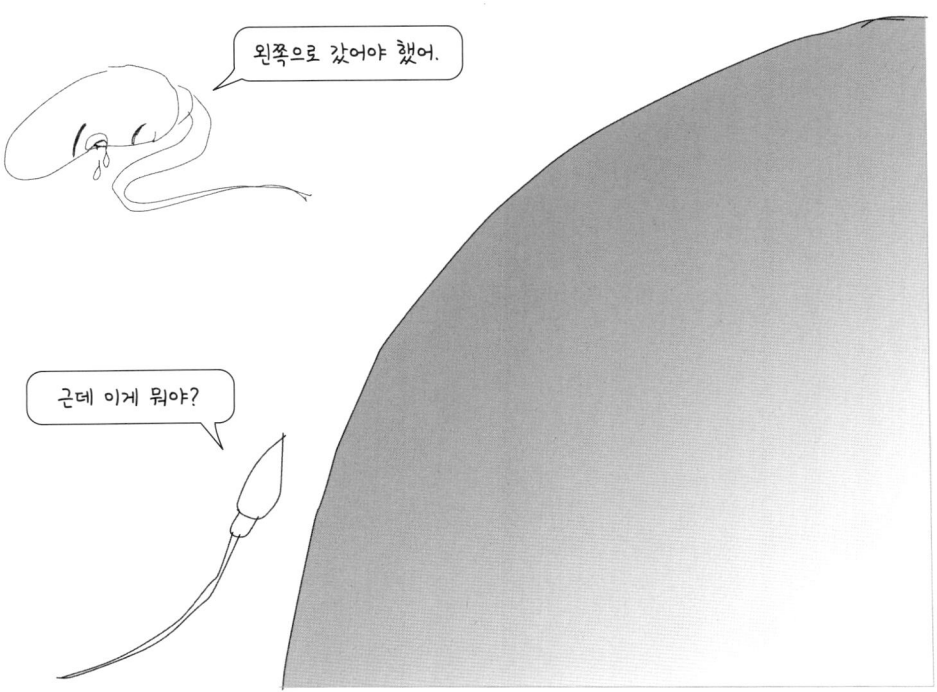

정자의 머리 폭은 약 3㎛,
난자의 직경은 약 0.1mm다.

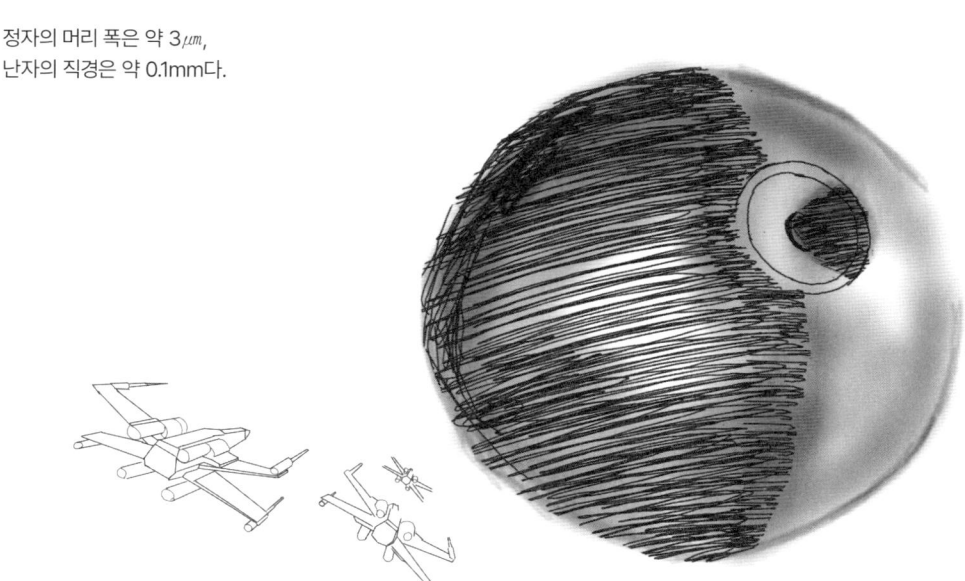

마치 바위산처럼 난자 표면은 꽤 울퉁불퉁하다.
정자는 여기를 뚫고 들어가야 한다.
마지막 관문이다.

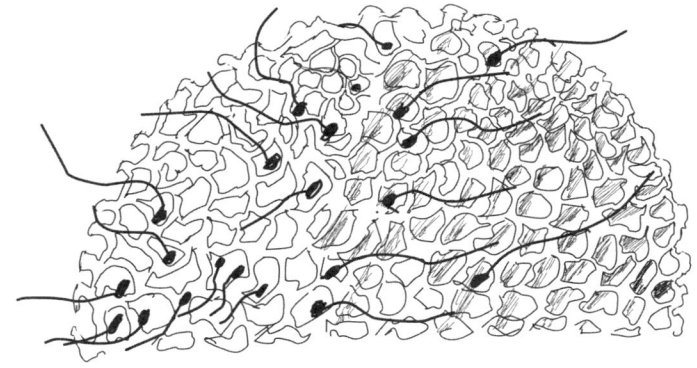

침입에 성공한 정자의 머리 부분은
기다리고 있던 난자의 핵과 결합한다.

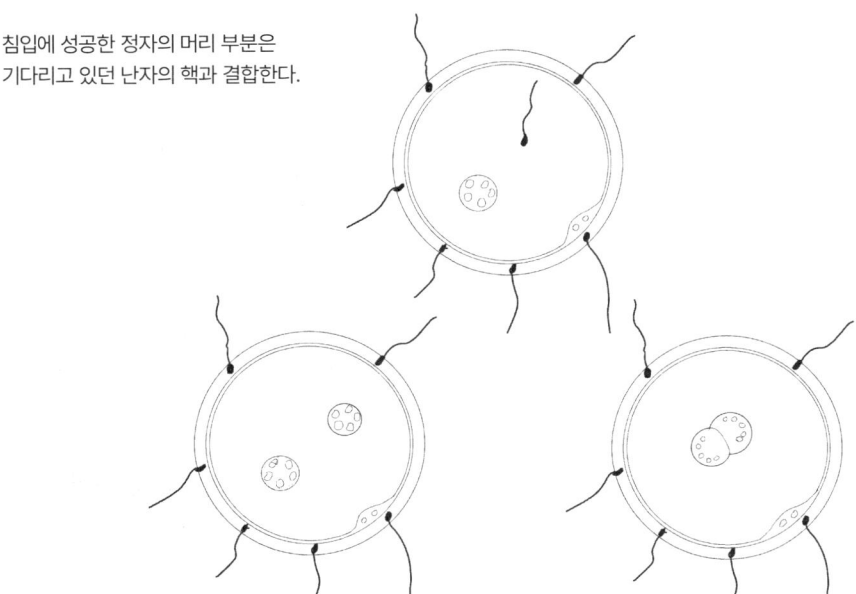

그리고 첫 세포분열이 일어난다. 수정 후 30시간 정도 지나서의 일이다.

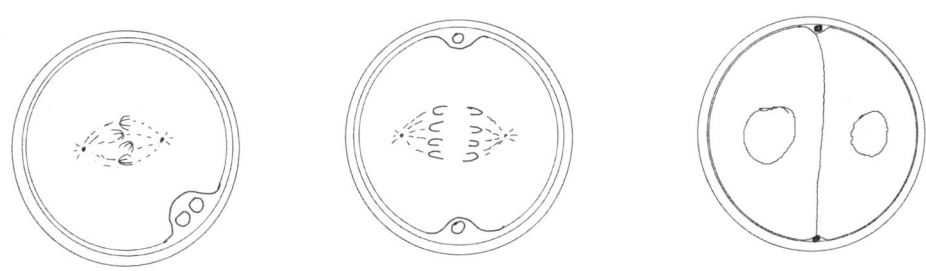

일단 하나의 정자가 통과하고 나면
난자에서는 다른 정자가 통과하지 못하도록 막는 반응이 일어난다.

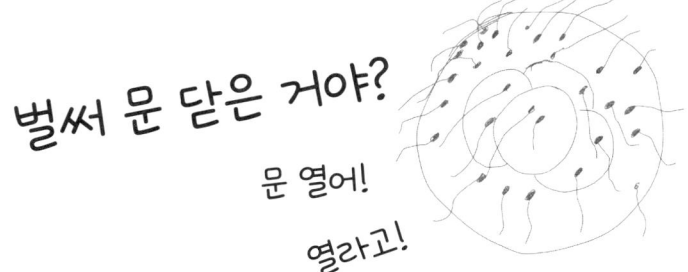

벌써 문 닫은 거야?

문 열어!

열라고!

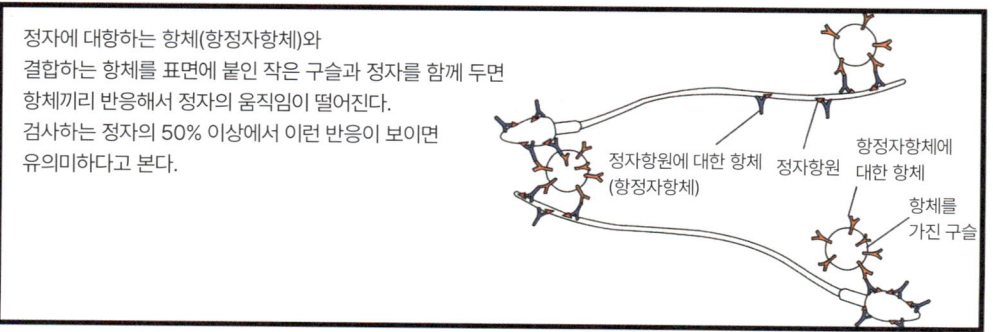

정자에 대항하는 항체(항정자항체)와 결합하는 항체를 표면에 붙인 작은 구슬과 정자를 함께 두면 항체끼리 반응해서 정자의 움직임이 떨어진다. 검사하는 정자의 50% 이상에서 이런 반응이 보이면 유의미하다고 본다.

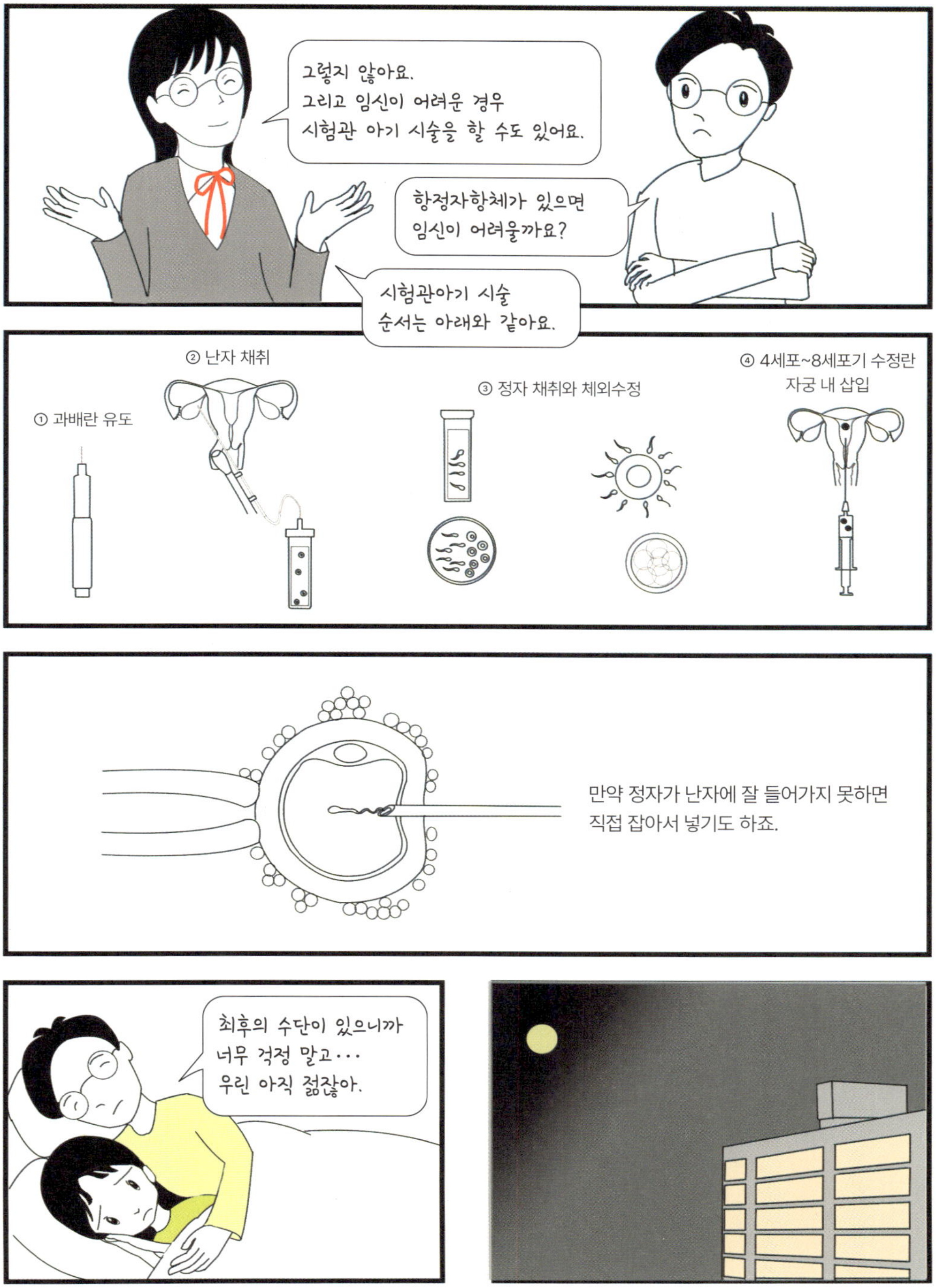

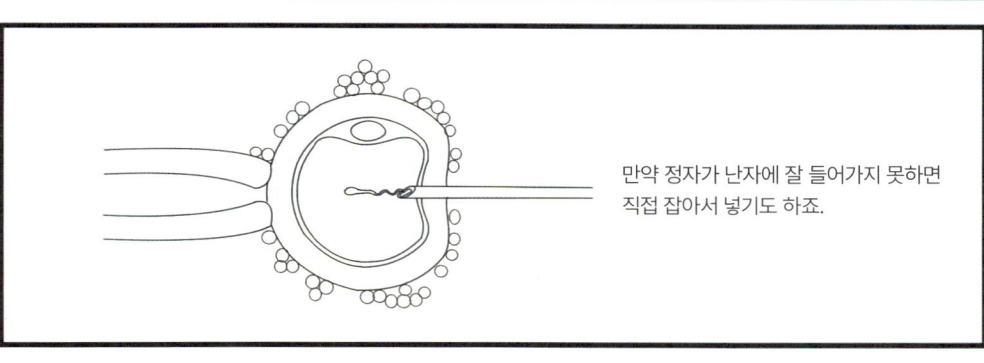

03 | 태아, 이렇게 자라요

병원 약속만 잡고 차일피일 미루다
한 번 주기를 걸러서 혹시나 했더니…

"여보 이거 봐!
된 것 같아."

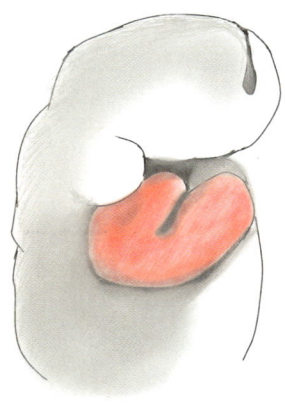

이때 심장은 몸 밖에 있는데 정말 하트 모양이다.

임신 진단 키트로 임신 사실을 알았을 때보다 더 감동적일 때는
아마 아이의 심장이 뛴다는 걸 확인했을 때일 거예요.
수정 후 22일경이면 심장이 뛰기 시작해요.
초음파로 확인할 수 있죠.

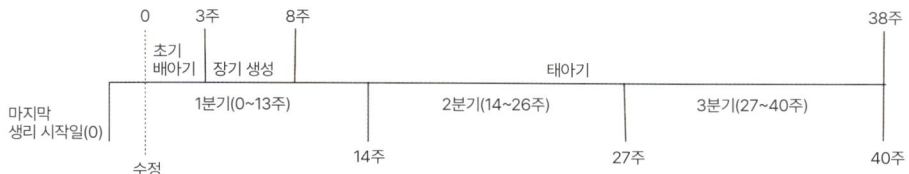

수정된 날부터 임신 주수를 따져야 하지만 정확한 수정일을 알 수 없어서 마지막으로 월경을 시작한 첫날을 임신 첫날(day 0)로 잡는다. 수정일로부터 8주까지를 배아기, 그 이후를 태아기라 한다. 임신 기간을 크게 3분기로 나누기도 하는데 마지막 생리 시작일로부터 14주, 27주를 경계로 나눈다.

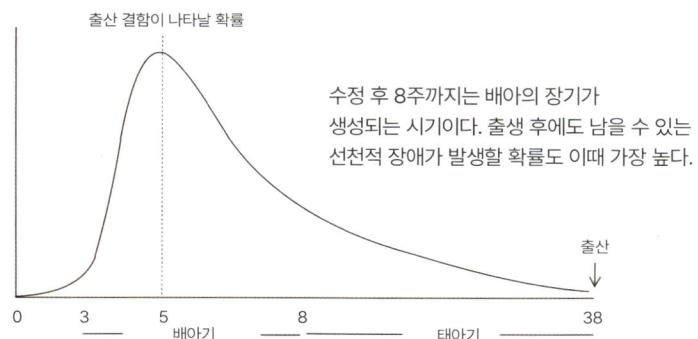

수정 후 8주까지는 배아의 장기가 생성되는 시기이다. 출생 후에도 남을 수 있는 선천적 장애가 발생할 확률도 이때 가장 높다.

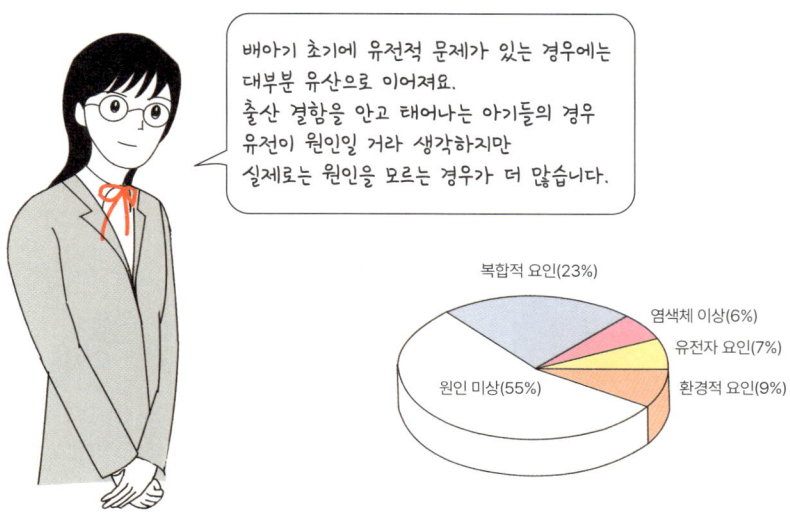

배아기 초기에 유전적 문제가 있는 경우에는 대부분 유산으로 이어져요. 출산 결함을 안고 태어나는 아기들의 경우 유전이 원인일 거라 생각하지만 실제로는 원인을 모르는 경우가 더 많습니다.

복합적 요인(23%)
염색체 이상(6%)
유전자 요인(7%)
환경적 요인(9%)
원인 미상(55%)

착상까지의 과정을 잠시 살펴보자.

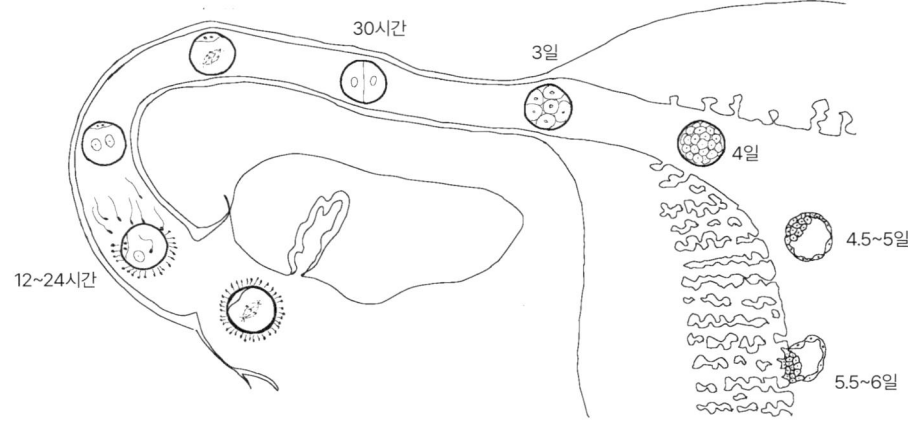

착상 전에는 껍질을 벗어 던진다.

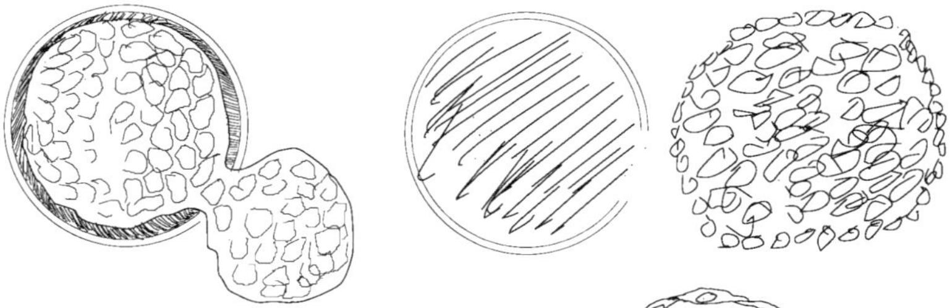

껍질이 너무 매끈해서 착상하기는 안 좋다.
오히려 세포들이 더 끈적끈적해진다.

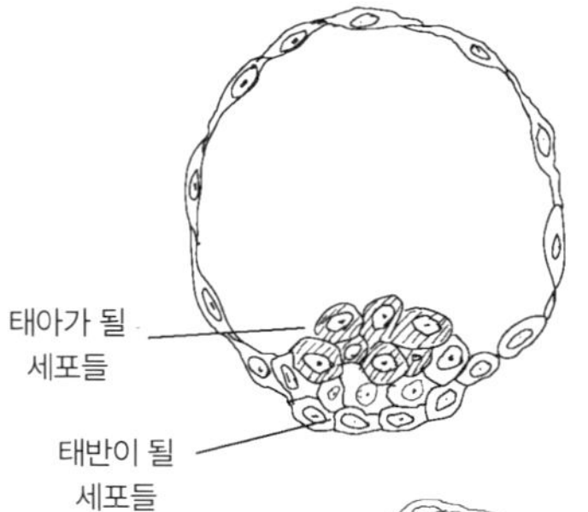

태아가 될
세포들

태반이 될
세포들

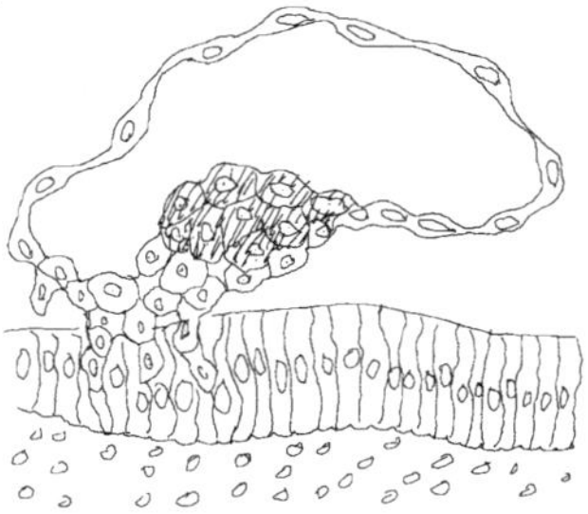

세포들로 이뤄진 구의 안쪽에는
장차 태아가 될 세포들과 태반이 될 세포들이 있다.
태반이 될 세포들이 자궁을 파고든다.

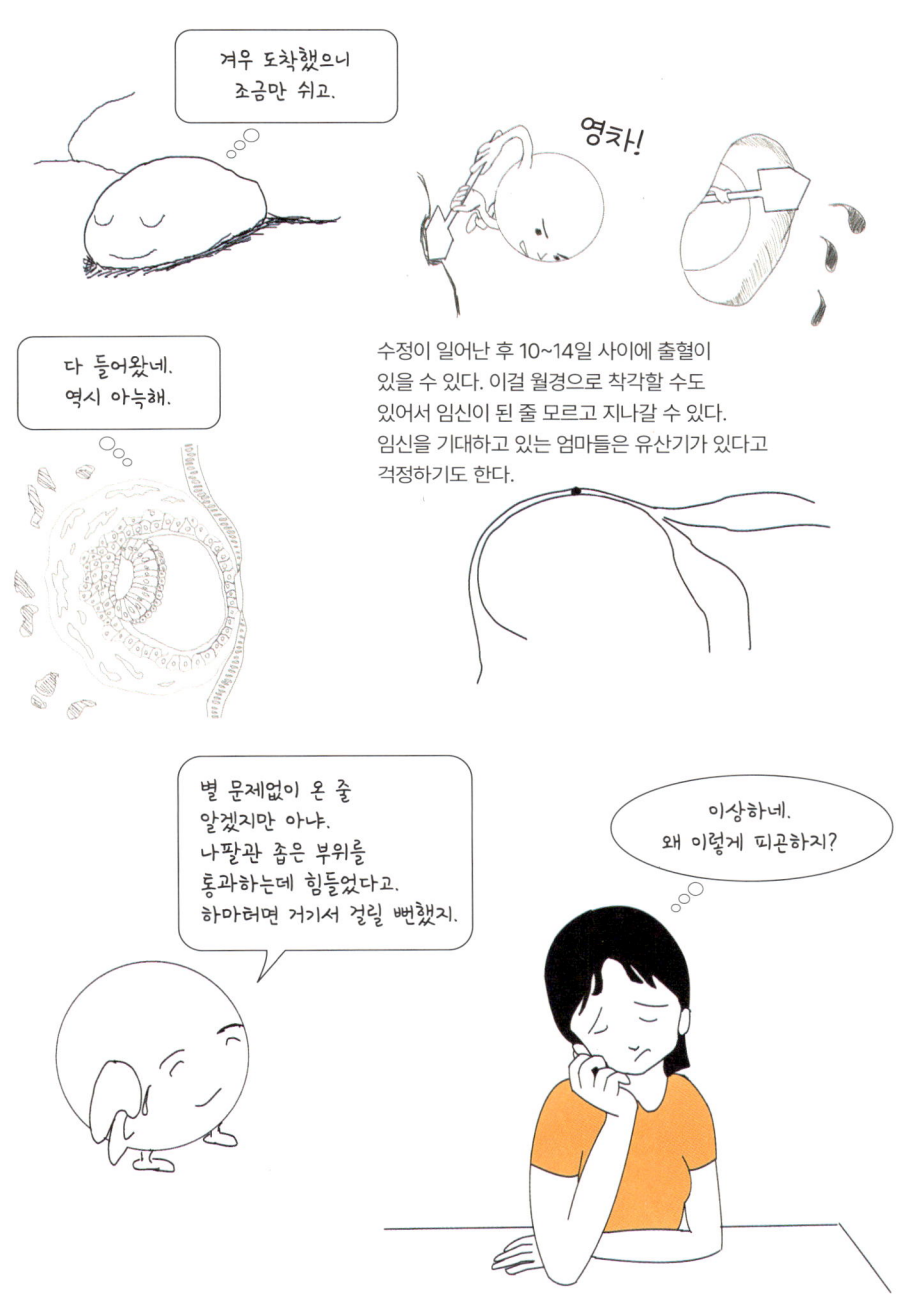

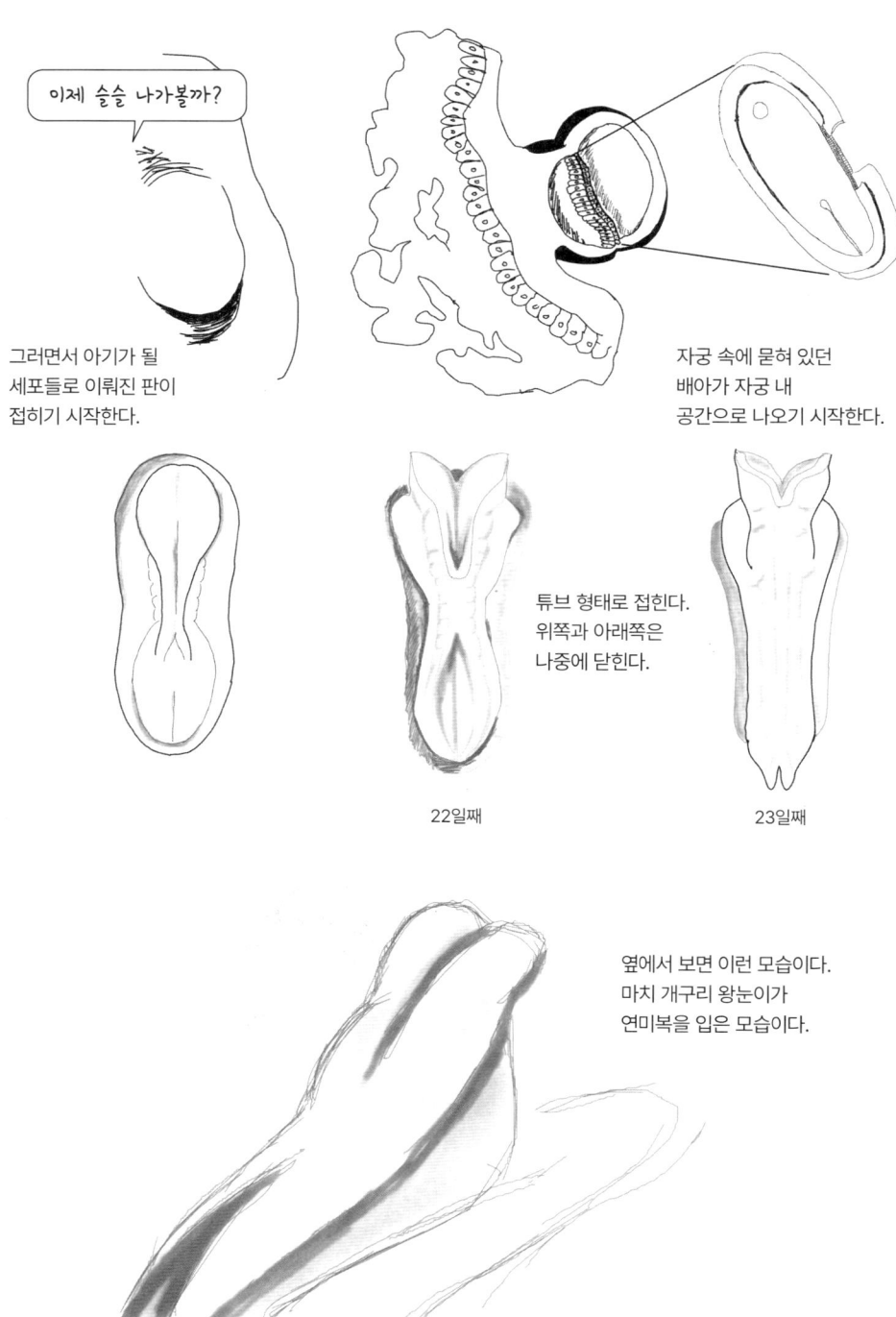

이제 슬슬 나가볼까?

그러면서 아기가 될 세포들로 이뤄진 판이 접히기 시작한다.

자궁 속에 묻혀 있던 배아가 자궁 내 공간으로 나오기 시작한다.

튜브 형태로 접힌다. 위쪽과 아래쪽은 나중에 닫힌다.

22일째

23일째

옆에서 보면 이런 모습이다. 마치 개구리 왕눈이가 연미복을 입은 모습이다.

튜브 형태의 관(신경관)은 배아 나이 28일까지는 닫힌다.
닫히지 않는 경우를 신경관 결손이라고 한다.

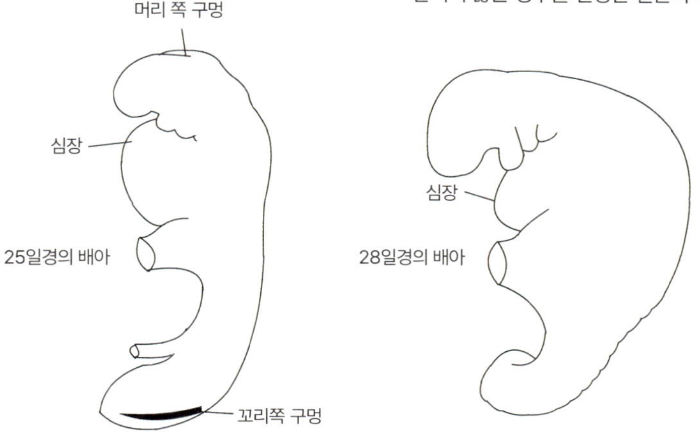

머리 쪽 구멍
심장
25일경의 배아
꼬리쪽 구멍

심장
28일경의 배아

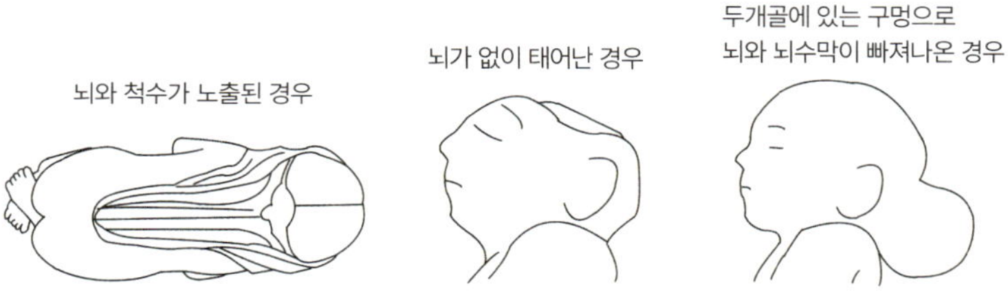

뇌와 척수가 노출된 경우

뇌가 없이 태어난 경우

두개골에 있는 구멍으로
뇌와 뇌수막이 빠져나온 경우

신경관 결손의 여러 예

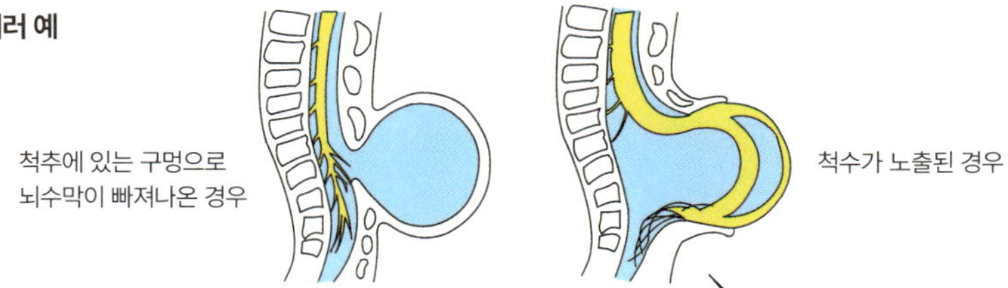

척추에 있는 구멍으로
뇌수막이 빠져나온 경우

척수가 노출된 경우

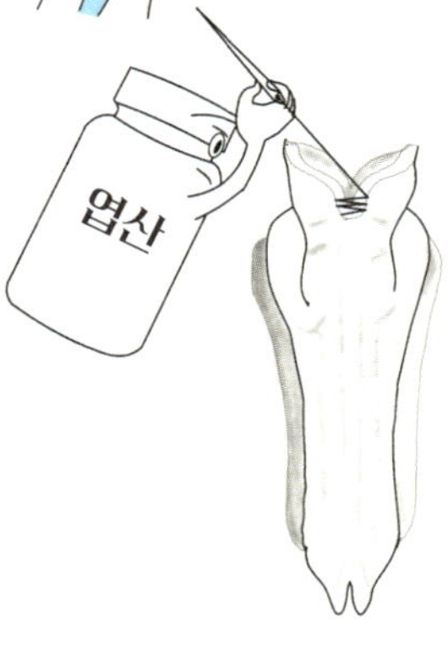

엽산

엽산을 복용하면 신경관 결손을 예방할 수 있다.
신경관은 일찍 닫히니 임신을 계획하고 있다면
적어도 임신 한 달 전부터 임신 3개월까지는
하루에 0.4~0.8mg의 엽산을 먹는 게 좋다.

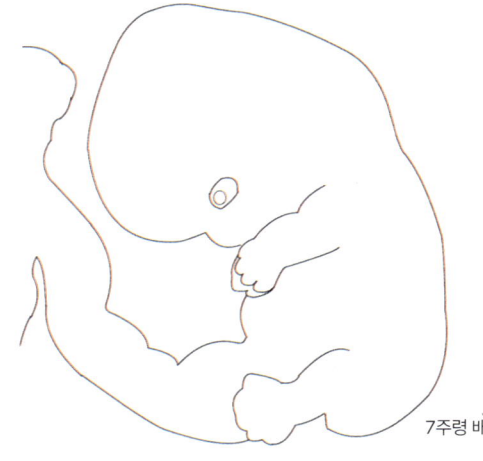

배아가 7~8주령이 되면 척수신경이 말단까지 뻗어서
근육을 수축시킬 수 있게 된다.
8주 말이 되면 손 모양이 뚜렷하게 된다.

7주령 배아

배아의 장기형성은 10주 말에 끝난다.
그 뒤에는 장기의 성숙과정이 이어진다.
이때부터는 태아라고 한다.
신경이 근육을 지배하면서
근육이 지속적으로 수축하는데
이 과정은 근육과 관절의 발달을 돕는다.
만약 탯줄 등에 눌리거나 하여 움직임이 제한되면
그 부분의 근육이 발달하기 어렵다.

10주령 태아

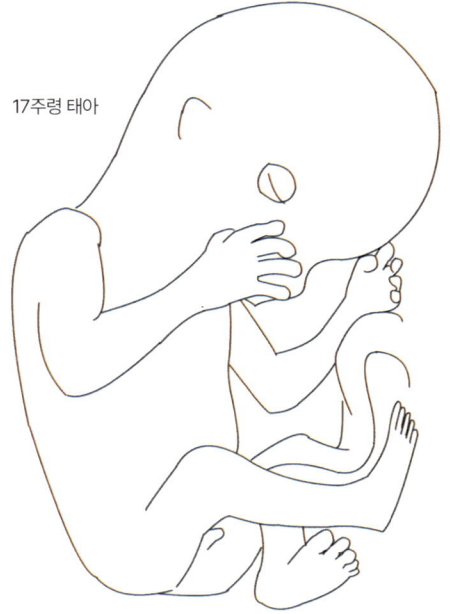

17주령 태아

17주가 되면 눈꺼풀이 완성되어 눈을 덮는다.
26주가 되어야 눈을 뜬다.
17주가 되면 초음파로 성별을 구별할 수 있다.
(12주에 외부 생식기 분화가 끝나
이론적으로는 구분이 가능하다.)

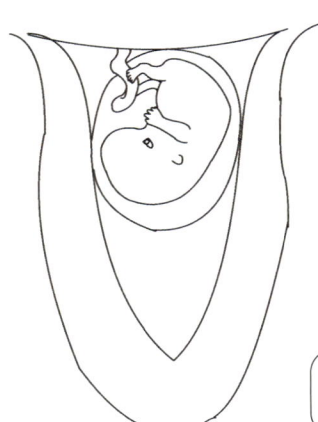

임신 8주가 되면 그때부턴 태아라 불러요. 9주 전에는 장기가 형성되는 때이고 이때부터는 형성된 장기가 자라는 시기죠.

태아기에 접어들면 사람 모양이 확실하게 보여요.

3개월   5개월   출산시

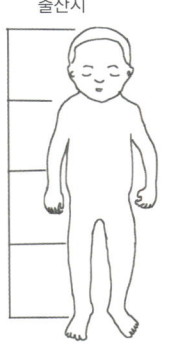

태아기 이전은 뇌가 자라는 속도가 상대적으로 빨라서 머리가 반을 차지하고 그 이후엔 다른 장기가 더 빨리 자라서 머리가 차지하는 비율이 줄어든다.

12주면 외부 생식기의 분화가 끝난다.

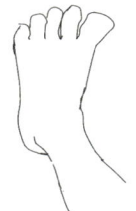

엄마가 태동을 느끼려면 17주 이상은 되어야 하지만 8주부터 벌써 움직이고 있었다.

임신 17주면 눈꺼풀까지 완성되지만 빛에 반응하는 건 28주가 되어야 한다.

소리는 22~24주 정도가 되어야 들을 수 있다.

04 | 뱃속에서도 다 들려요

태아는 5개월이면 중간 또는 낮은 음역의 소리에 반응한다.
반응 음역은 임신 후반기로 갈수록 점점 넓어진다.

자궁 속에서는 높은 주파수보다 낮은 주파수의 소리가,
여자보다는 남자의 목소리가 더 잘 들린다.
단, 엄마의 목소리는 예외다.
몸을 타고 직접 전달되기 때문이다.

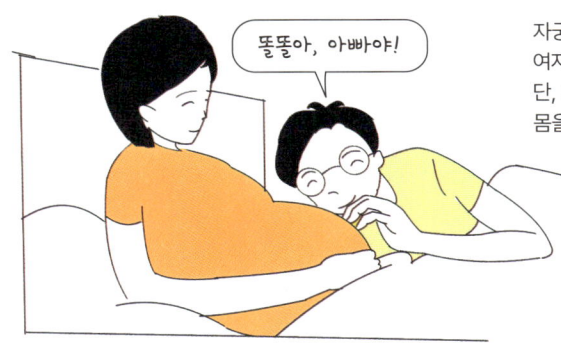

태아는 엄마 몸에서 나는
소리에 싸여 있다.
특히 엄마의 목소리는
태아를 심리적으로 안정시킨다.
이러한 소리자극들은
태아의 뇌를 발달시키는 데
크게 기여한다.

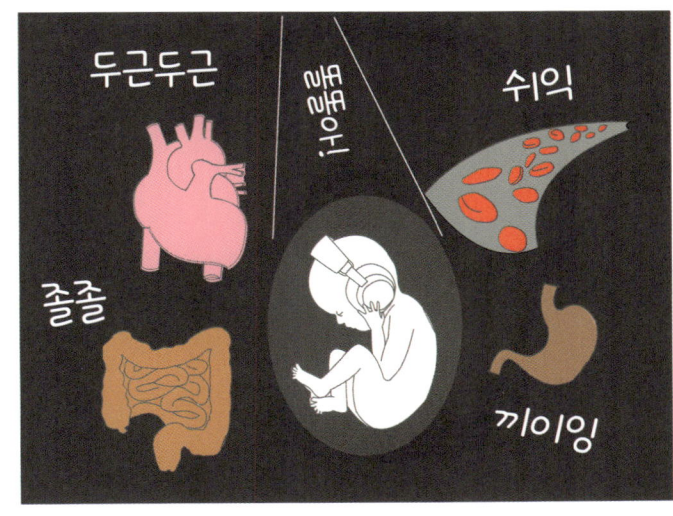

태아가 일찍 들을 수 있다는 건
그만큼 위험에 노출되어 있다는 얘기와도 같다.
시끄러운 작업환경에서 일해야 하는
산모에게서 태어난 아이들이
소음성 난청을 겪는 경우가 많다.

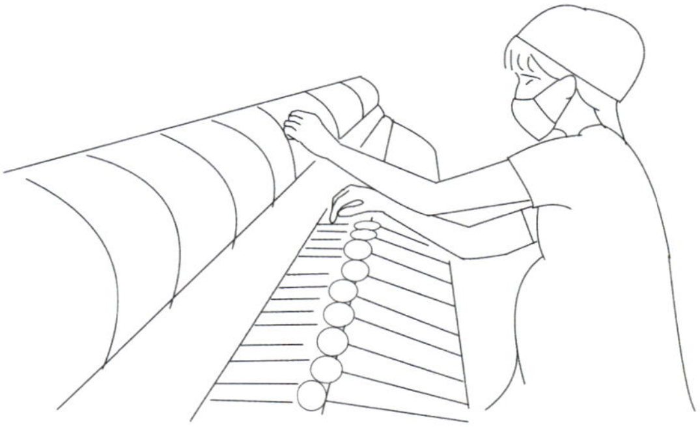

조산아도 난청의 위험에 노출되어 있죠.
조산이라는 것 자체가 위험요소이고
치료과정에서 쓰는 약물,
조산아 주위를 둘러싼
기계들의 소음도 무시 못 해요.

난청은 신생아 1000명 중 1~3명 정도로 흔한 질환이라
선진국에서는 출생 직후의 난청 검사가 일반화되는 추세다.
난청 검사는 자동화 뇌간유발검사를 쓴다.
신생아의 이마 등에 3개의 전극을 붙이고
신생아가 자는 동안 할 수 있는 간단한 검사이다.

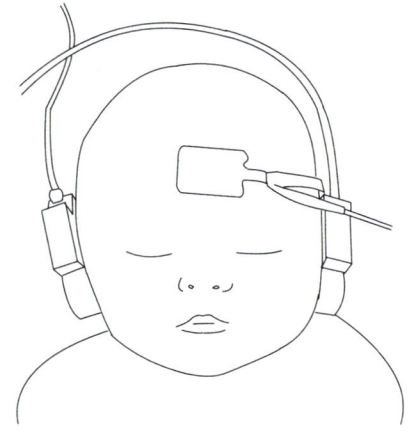

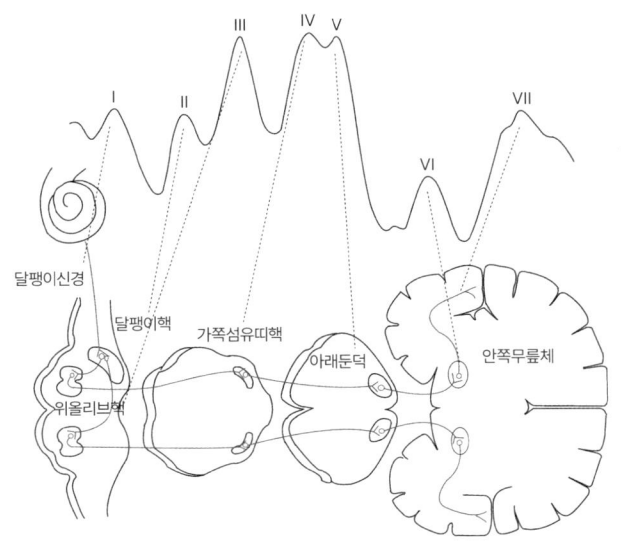

소리자극을 했을 때 나오는
청성뇌간반응에는 여러 파가 나오는데
이 파들은 청각회로를 반영한다.

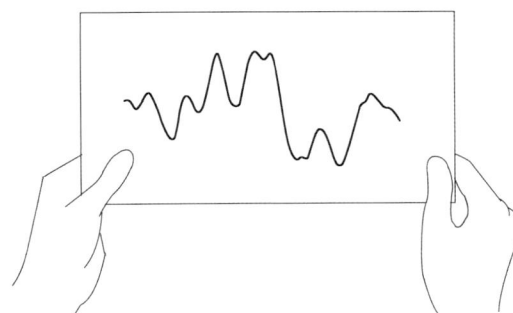

청성뇌간반응은
비전문가가 판독하기 쉽지 않고
측정에도 오랜 시간이 걸려서
선별검사에 적합하지 않다.

그래서 선별검사에는 자동화 청성뇌간반응 검사를 한다.
이 검사는 아기의 청성뇌간반응을 측정한 뒤
미리 구한 정상파형과 비교하는 방식이다.
일치율이 높으면 통과, 그렇지 않으면
하루 정도 후에 다시 검사한다.
재검에도 통과하지 못하면 3개월 이내에 다시 와서
정식으로 청성뇌간반응 검사를 받는다.

선별검사를 통과하지 못해서 3개월 후 재검을 받더라도
그게 꼭 난청을 의미하지는 않아요. 검사 결과가 바뀌는 경우도 제법 있죠.
난청이 의심되던 쪽 귀가 정상으로 나올 수도 있고
정상이라고 나왔던 쪽이 난청으로 나올 수도 있어요.

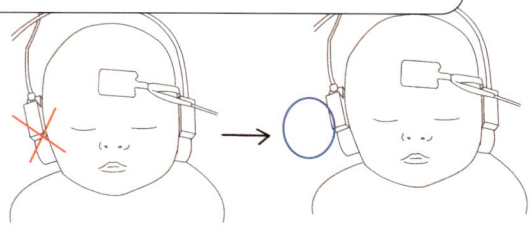

혹시라도 검사에서 이상이 나왔다면 꼭 3개월 후에
정밀 검사를 받아야 해요. 6개월 이전에 발견해서
대응치료를 한 경우와 그렇지 않은 경우
나중에 그 결과가 무척 달라요.
'6개월'을 꼭 기억하세요.

청력에 문제가 있다면 여러 징후들이 보이죠.
대표적인 것이 큰 소리가 났을 때 반응하지 않는 것인데
그냥 '우리 아이는 잠을 깊게 자'라거나
'워낙 조용한 아이야' 이런 식으로
잘못 알고 지내는 경우도 적지 않죠.

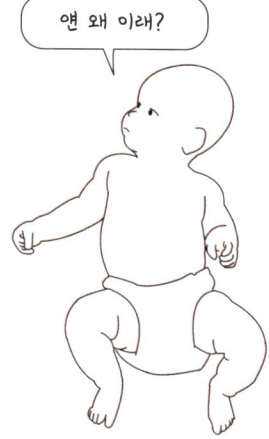

1980년대에 발견된 첼시라는 여성은 30대가 되어서야 듣지 못한다는 걸 알게 되었다고 하니 아이들의 청력이 나쁘다는 걸 빨리 진단하기가 쉬운 일은 아니다. 첼시는 제대로 말을 배우지 못했다.

임신 마지막 6주 동안 하루에 두 번씩 총 다섯 시간에 걸쳐 슈스 박사의 『모자 쓴 고양이』를 큰 소리로 읽어주었더니 아이들이 『모자 쓴 고양이』를 다시 듣게 되었을 때 전자젖꼭지를 더 열심히 빨았다고 한다. 즉 태아가 기억한다는 뜻이다.

좋은 소리가 들려!

아함, 지겹다. 언제까지 들어야지?

아직도냐...마 고만 쫌.

이거 어디서 들었던 건데.

분노의 빨기

05 | 태아가 느끼는 맛

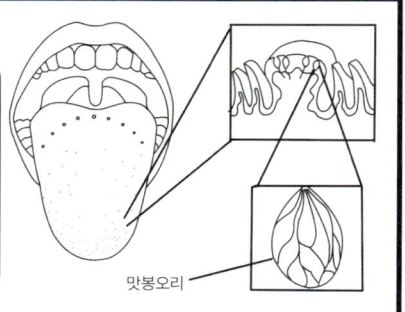

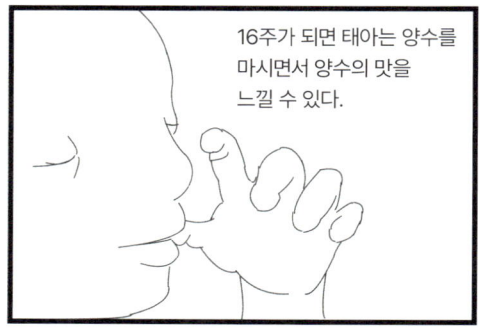

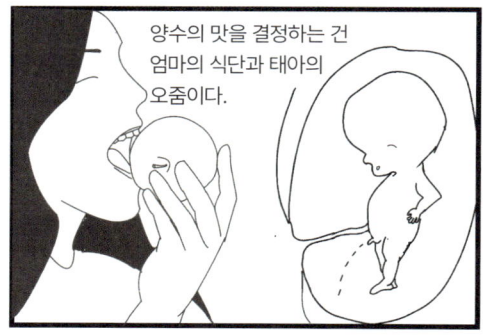

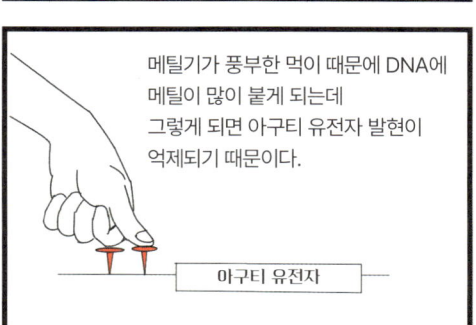

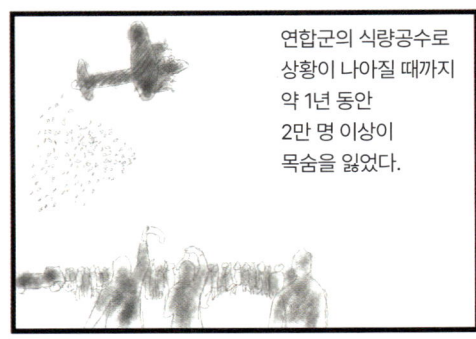

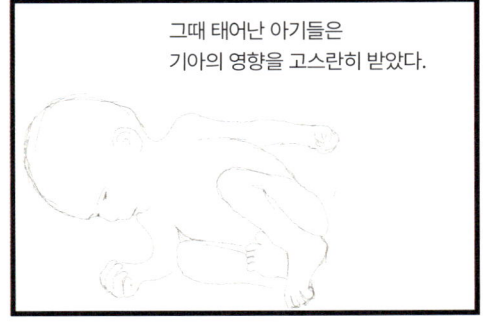
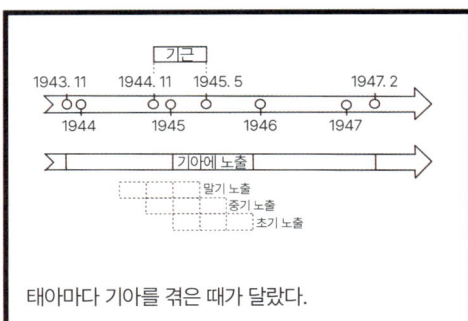

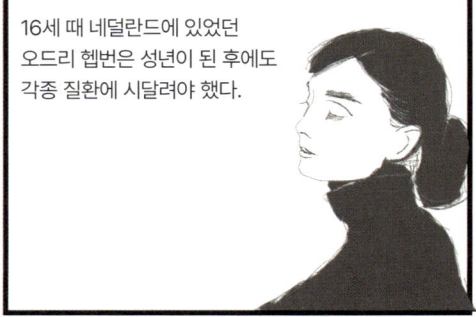

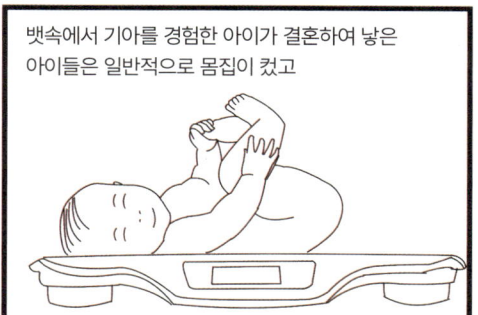
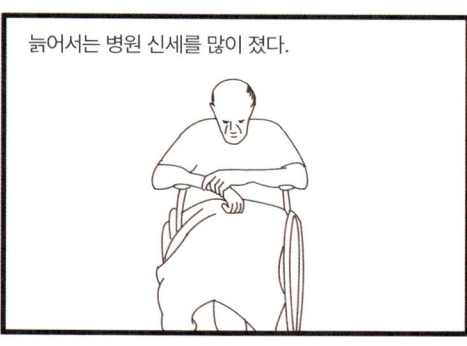

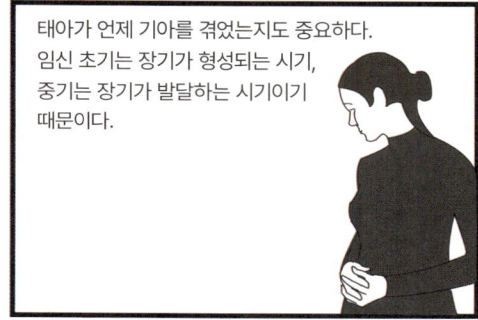
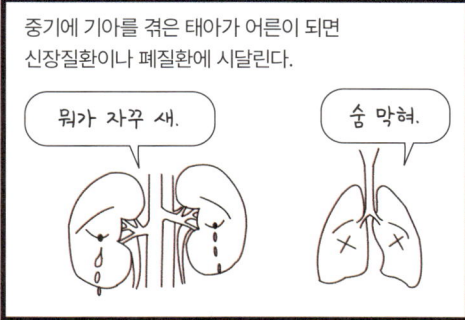

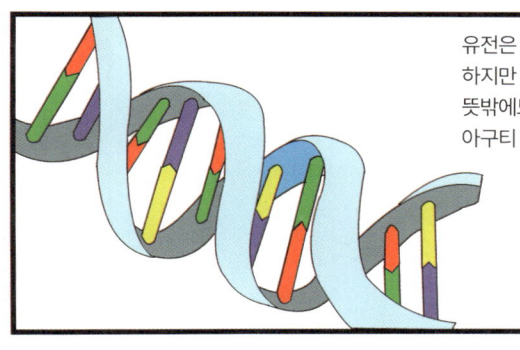

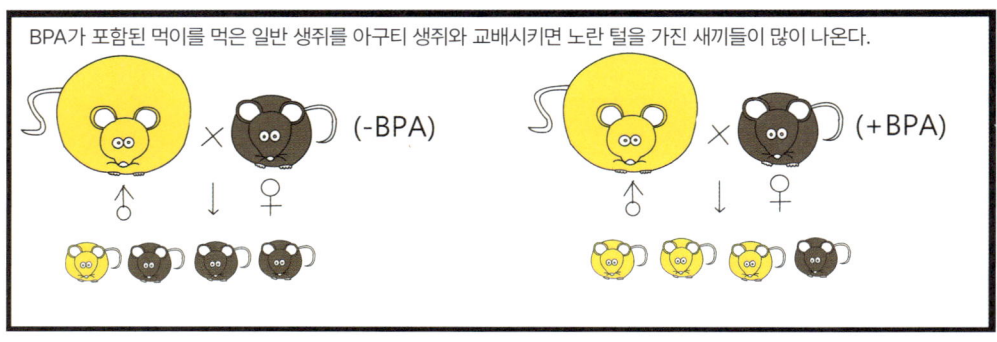

6 | 태아도 통증을 느낄까?

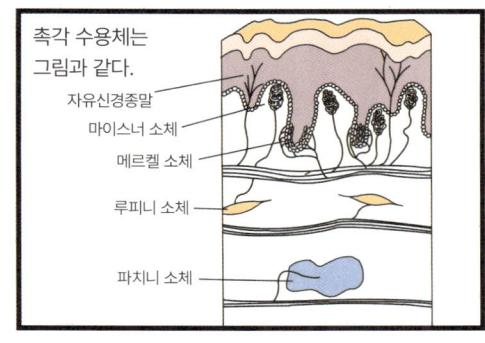

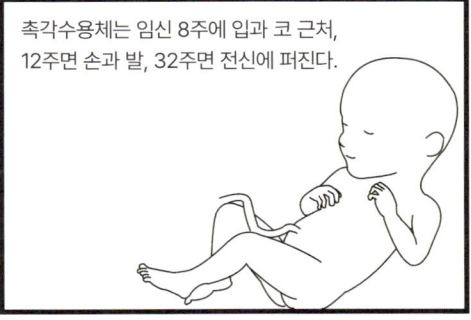

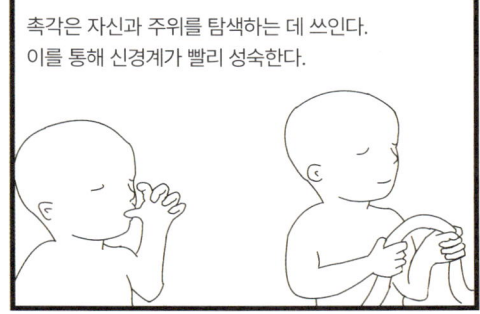

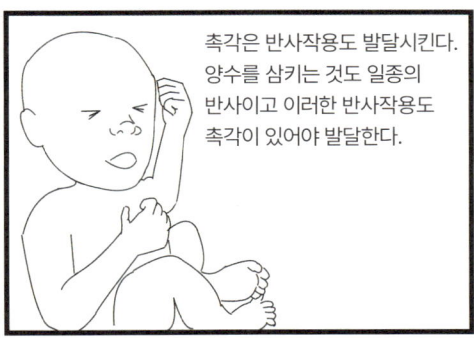

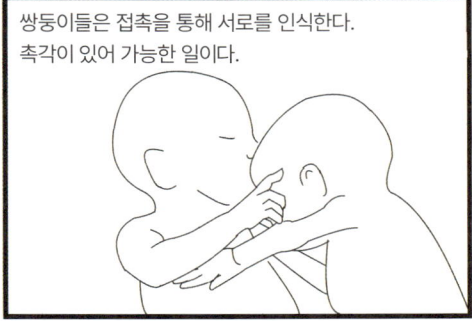

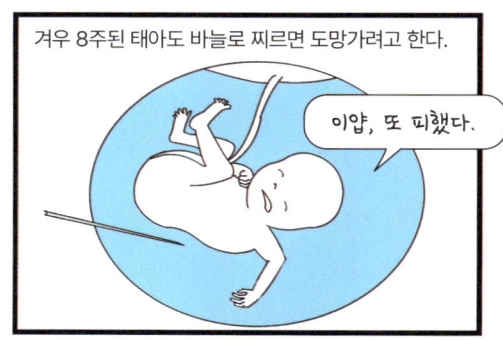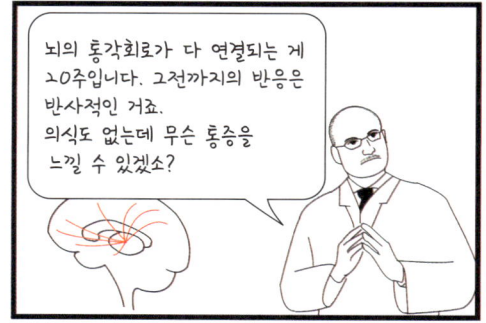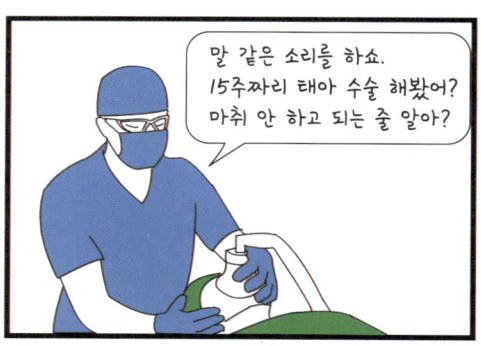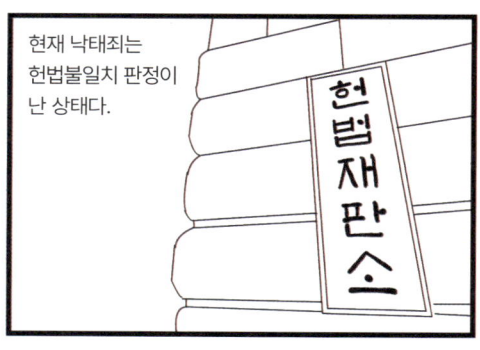

07 | 일찍 태어나면 머리가 나쁘다는 소문들

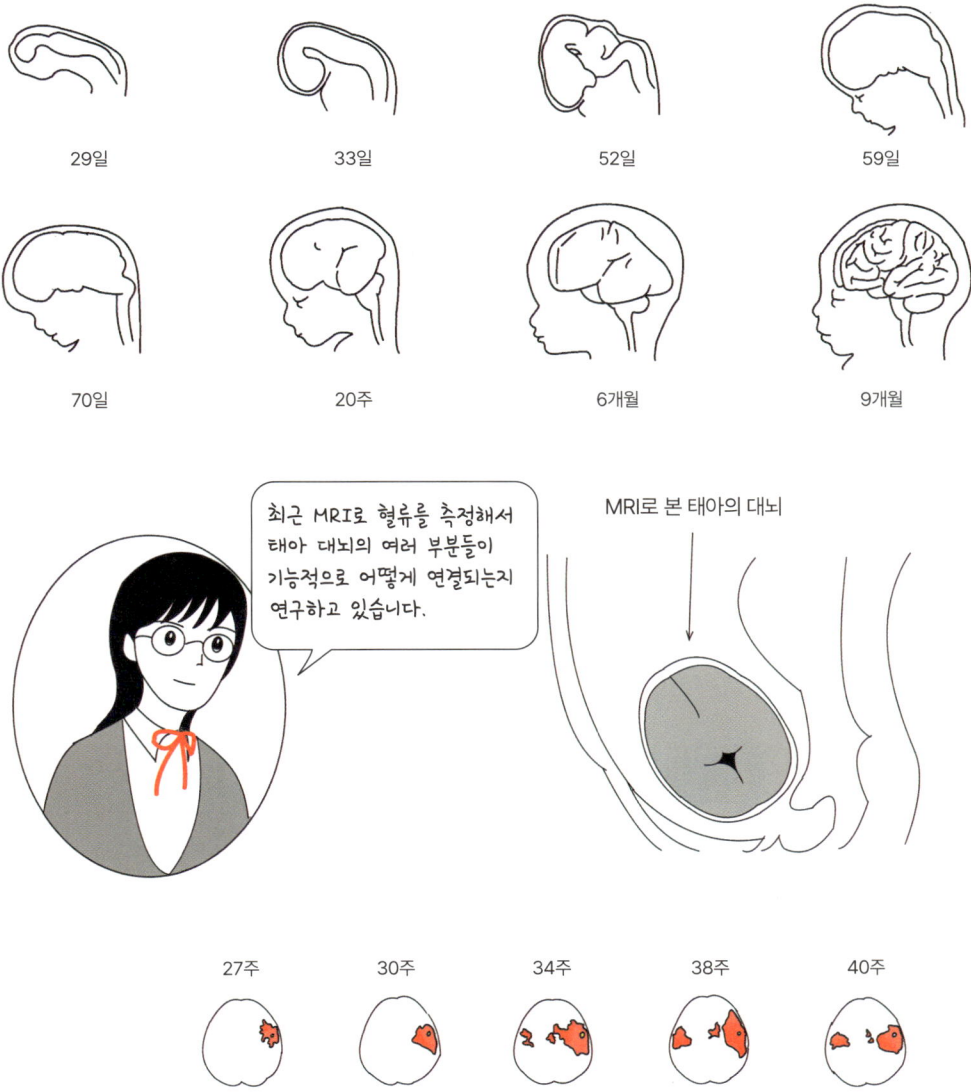

자, 그럼 뇌가 어떻게 형성되는지도 얘기하고 갈까요?
임신 9개월이 되어야 태아의 대뇌는 어른의 대뇌와 비슷한 주름이 보인다.

29일 33일 52일 59일
70일 20주 6개월 9개월

최근 MRI로 혈류를 측정해서 태아 대뇌의 여러 부분들이 기능적으로 어떻게 연결되는지 연구하고 있습니다.

MRI로 본 태아의 대뇌

27주 30주 34주 38주 40주

기능적으로 밀접한 관계에 있는 대뇌의 여러 부위는 임신 중기 이후 활발하게 연결되기 시작한다. 부위별로 차이가 있어서 대뇌 중앙에서 멀리 있는 부위끼리의 연결은 상대적으로 더딘 편이다.

대뇌의 늦은 발달은 조산아들에게 불리하다

27주쯤에 태어난 조산아와
산달을 채우고 태어난 아기들의 뇌를 조사해보면
언어를 담당하는 부위의 연결이 다르다.
조산아의 뇌는 좌측과 우측 뇌 사이에
연결이 제대로 되어 있지 않다.

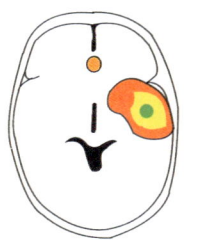 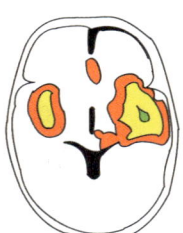

열두 살 어린이들에게 〈미운 오리새끼〉를 들려주고 뇌가 활성화되는 모습을 살펴보면, 조산아였던 아이와 만삭에 나온 아이의 뇌가 활성화되는 부위가 서로 다르다.
(J. Pediatr. 2006;149:490-8)

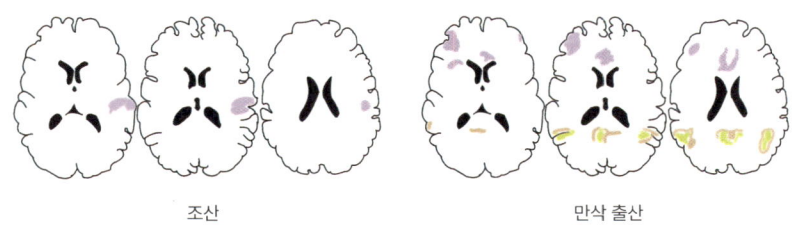

조산   만삭 출산

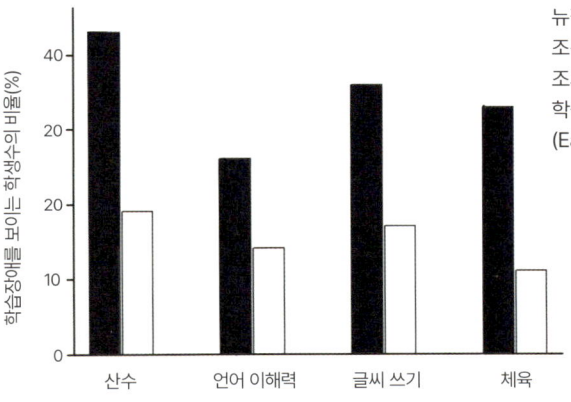

뉴질랜드에서 1998년부터 2000년 사이에 태어난 조산아들 102명이 6세가 되었을 때 학습 능력을 조사했다. 이 조사에서 조산아들은 여러 부분에서 학습역량이 떨어지는 것으로 나왔다.
(Early Human Development 2009;85:215~24)

미국 클리블랜드에서 1977~79년 사이에 태어난 242명의 아이들이 20세 되었을 때 학업 성취도도 차이가 났다.
(N. Engl. J. Med. 2002;346:149-57)

그렇지만 1977~82년 사이에 캐나다 온타리오주에서 태어난 166명의 조산아들이
22~25세가 되었을 때 만삭 출산한 아이들과 비교해보니 별 차이가 없었다.
(JAMA. 2006;295:667-675)

결과가 상이하군요. 뭐가 맞을까요?

둘 다 맞을 거예요. 조산 자체보다는 자라나는 환경이나 장애 여부가 더 중요해요.

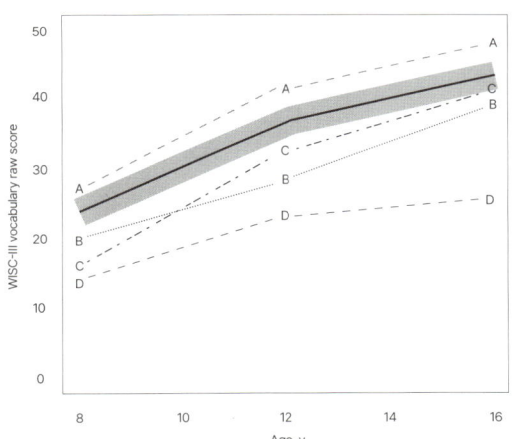

미국에서 1989~92년 사이에 태어난 437명의 조산아를 추적한 결과를 보면 시간이 지남에 따라 만삭 출산한 아이의 언어능력과 비슷해지는 것을 볼 수 있다. 특히 A그룹은 만삭 출산한 아이들보다 더 성적이 좋았다.
(검은 실선이 만삭 출산한 아이들 그래프).
A그룹의 어머니들은 다른 그룹에 비해 교육 수준이 높았고
D그룹은 신경병적 장애가 있었다.
(Pediatrics. 2011 Aug;128(2):313-22)

조산아로 태어난 위인도 많다.
아인슈타인, 처칠, 뉴턴 등이 대표적이다.

모든 건 상대적이지. 조금 일찍 태어난 게 뭐 대수라고.

절대 포기하지 마.

08 | 태어나기 전에 받는 검사들

태아 산전 검사도 짚고 넘어갈까요?

시기 (주수)	실시 항목
최초 병원 방문시	초음파, 빈혈 검사, 혈액형 검사, 풍진 항체 검사, B형 간염 검사, 에이즈 검사, 소변 검사, 자궁 경부 세포진 검사
9-13	초음파(목덜미투명대), 융모막 융모 생검, 이중 표지 물질 검사
15-20	사중 표지 물질 검사, 양수 검사
20-24	임신 중기 초음파, 태아 심장 초음파
24-28	임신성 당뇨 선별 검사, 빈혈 검사
28	Rh 음성인 경우 면역 글로불린 주사
32-36	초음파 검사(태아 체중, 태반 위치, 양수량)

출처: 대한산부인과학회 홈페이지

몇 가지 생소한 항목만 설명할게요.
목덜미 투명대 검사부터 할까요?
초음파에서 목 뒤쪽에 액체가 차 있는 걸 말해요.
림프관이 확장되어서 그렇게 보인다고 생각하는데
이게 보이면 선천성 기형이 동반될 가능성이 높습니다.

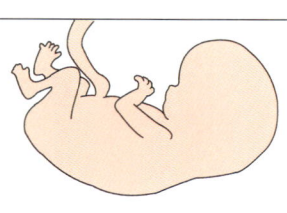
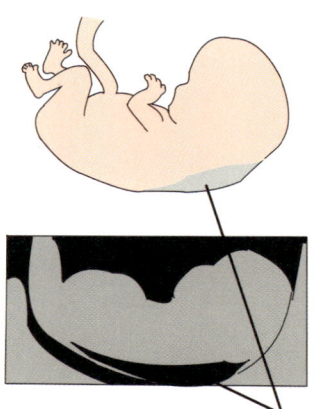

목덜미 투명대

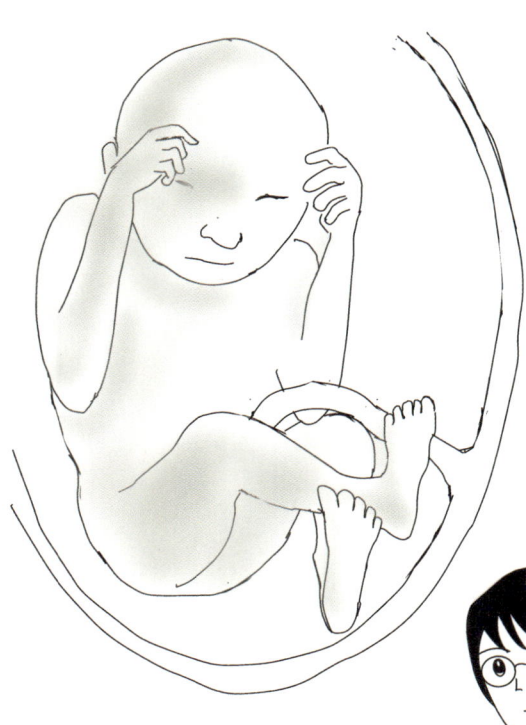

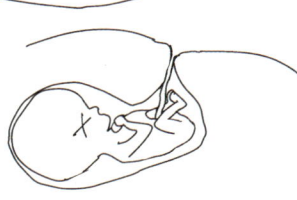

양수와 관련해서도 알아야죠

태아에게 양수는 의미가 커요.
마치 공기 같죠.
어느 정도 충분한 양이 있어야
자유롭게 움직이죠.
그렇다고 너무 많은 건 안 좋아요.

쉬를 누기도 하고
그 양수를 마시기도 하지만…

응가는 안 한다.
보통 출산 후 하게 되고,
태변이라고 부른다. 만약 뱃속에서
응가를 하면 문제가 있다는 뜻이다.

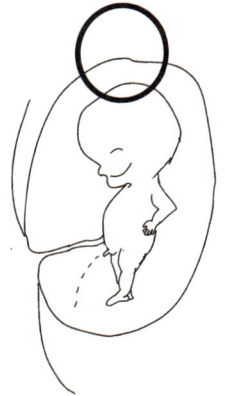

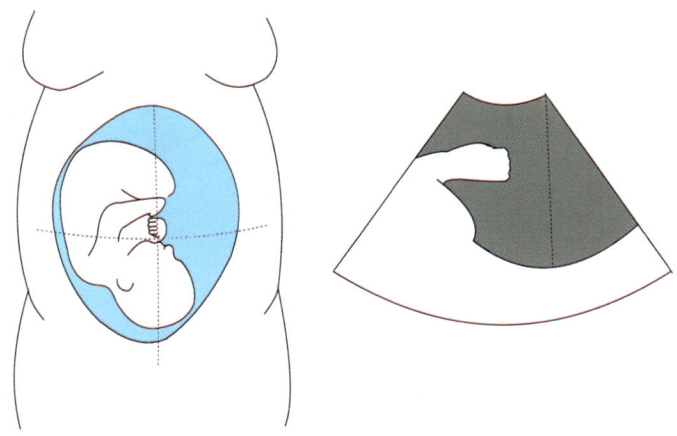

양수 양은 간접적으로 측정한다. 산모의 배를 4등분한 후 초음파로 측정한다.
네 곳에서 태아가 가리지 않은, 가장 깊은 곳까지의 깊이를 측정한 값을 다 더했을 때
8~18cm 범위 내에 있어야 한다. 5cm 이하면 양수과소증, 25cm 이상이면 양수과다증이라 한다.

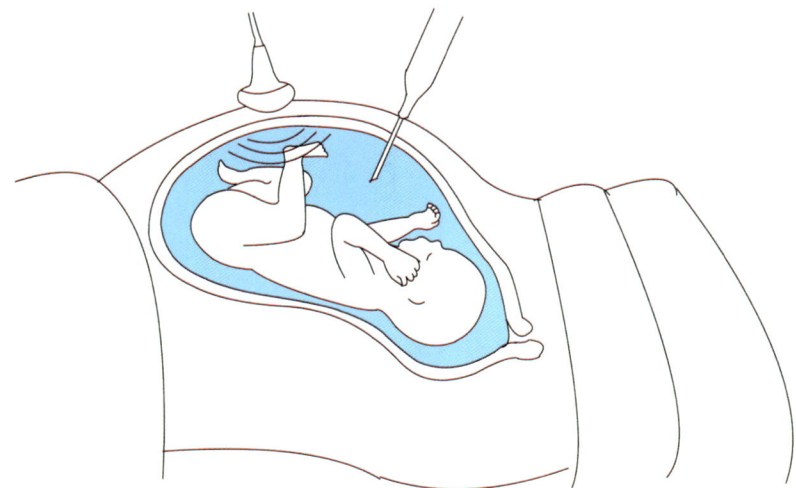

양수과다증이면 양수를 조금 뺄 수도 있다. 양수과다증이 너무 심하지 않으면 출산 때까지
버틸 수 있지만 너무 심하면 출산시기를 어떻게 잡을지 고민해야 한다.

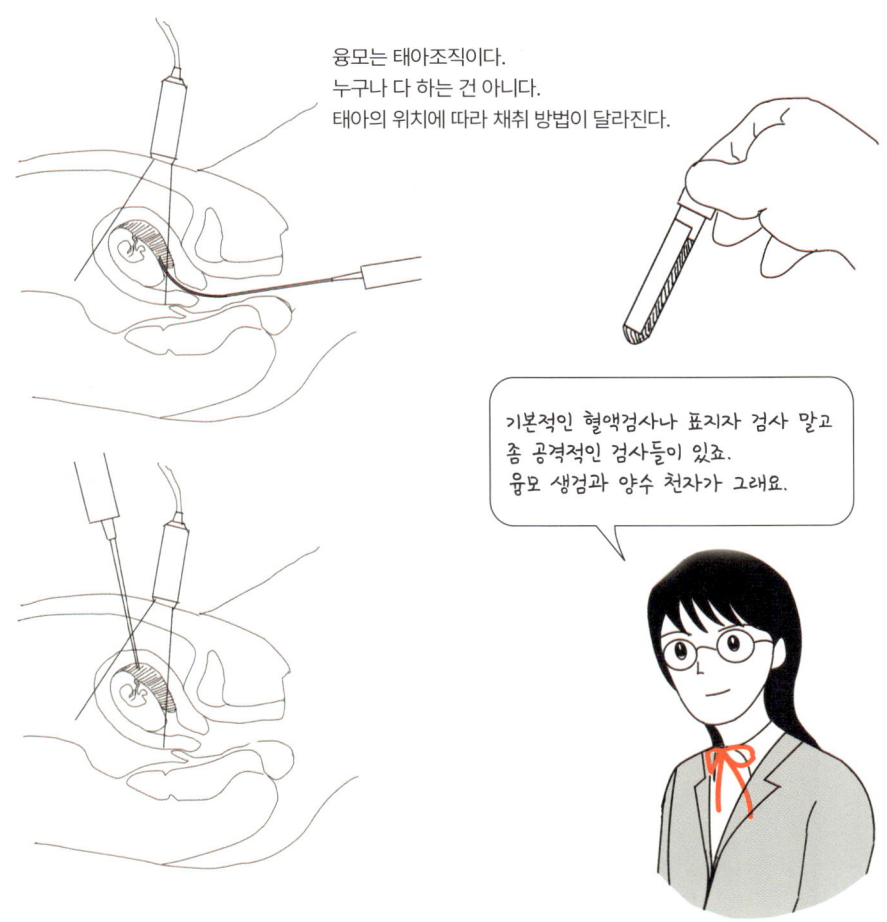

양수 천자 검사는 임신 15주에서 18주 사이에 시행하며
태아의 염색체 이상을 진단하는 데 쓰인다.
융모막 융모 검사도 염색체 이상을 진단하는 데 쓰이지만
임신 10주에서 13주 사이에 시행하므로 조기에 진단할 수 있다는 장점이 있다.
단, 융모막 융모 검사는 양수 천자에 비해 좀 더 유산 가능성이 높으므로
의사와 충분히 상의해야 한다.

양수 천자, 융모 검사를 할 산모의 혈액형이 Rh(-)라면 주목하세요

산모의 혈액형이 Rh(-)라면 면역 글로불린 주사를 맞아야 한다. 28주에 맞을 수도 있지만 양수 천자나 융모 생검 같은 검사를 할 때는 맞는 것이 좋다.

일부는 플라스마세포가 되어 항체를 생산하고 일부는 기억세포가 된다.

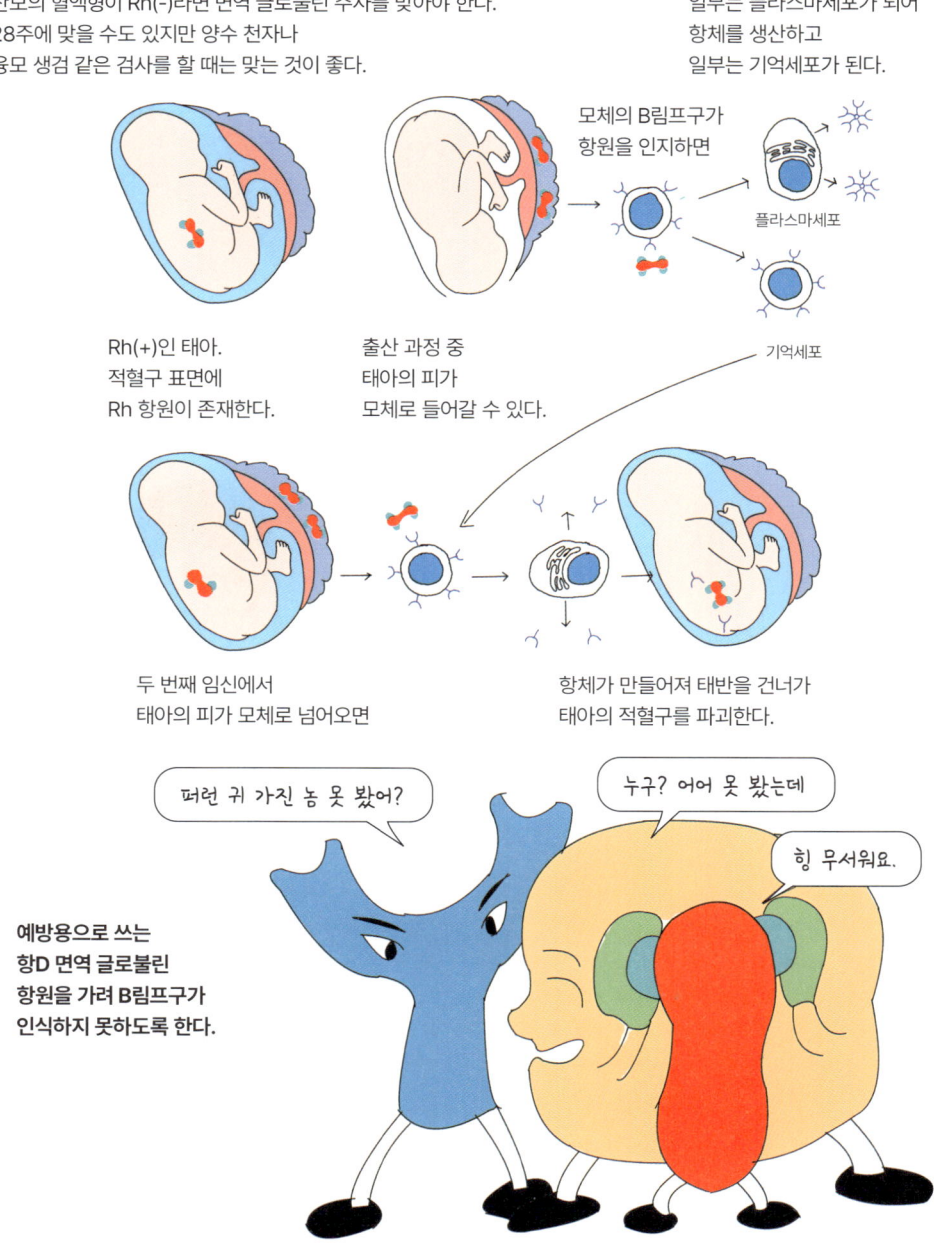

검사 직전 혈당	>105mg/dL
1시간 후	>190mg/dL
2시간 후	>165mg/dL
3시간 후	>145mg/dL

가장 큰 문제는 정상보다 큰 아기가 나오는 경우다.
그 외에도 출생 후 저혈당, 조산 가능성 증가, 성장 후 당뇨병 발병 위험 증가 등이 있다.

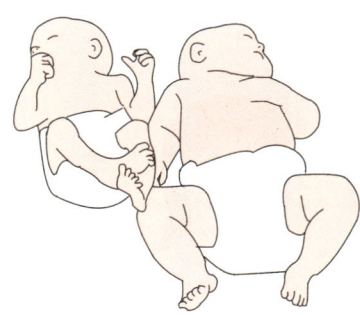 

당뇨로 진단되면 식단을 먼저 본다.
체중 증가가 과하지는 않은지
운동은 적당하게 하는지도 점검한다.
치료 목표는 당뇨 전 수준으로 혈당을 낮추는 것이다.

식단이나 운동으로 조절이 안 되면 당뇨약을 먼저 쓰고
그래도 안 되면 인슐린 주사로 넘어간다.

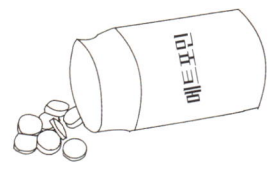

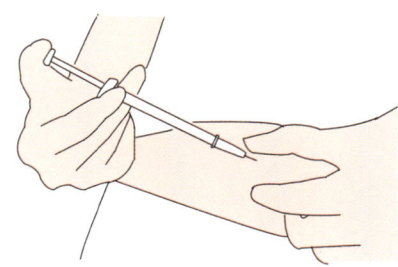

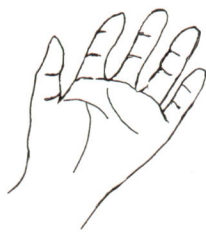

초음파로 태아의 신체를 측정하면 공식에 대입하여 대략적인 몸무게를 알 수 있다.

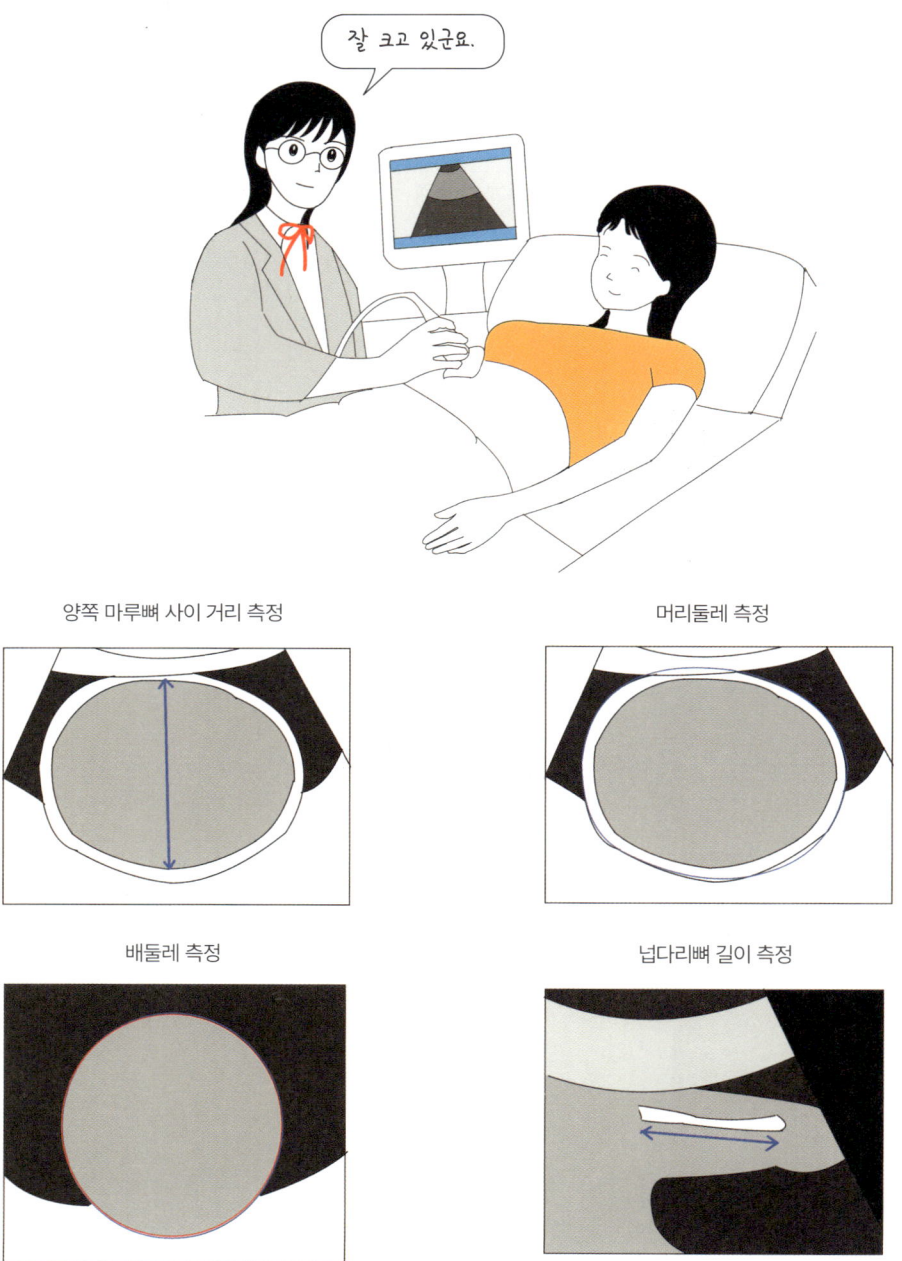

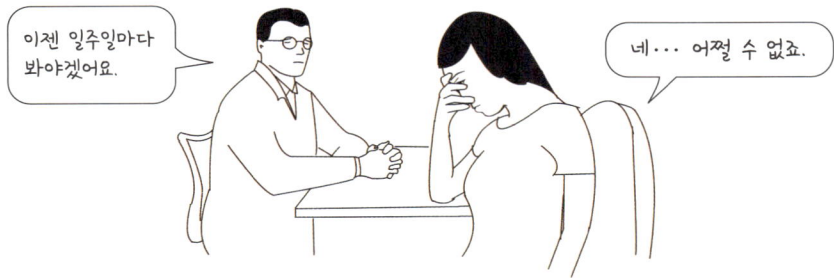

성장지연이 의심되면 검사를 자주 해야 한다.

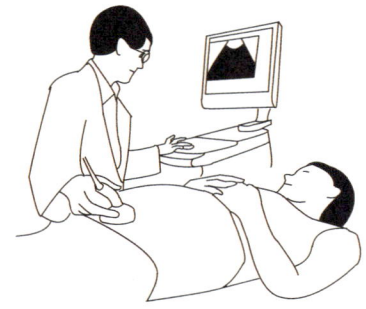

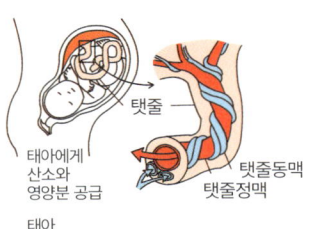

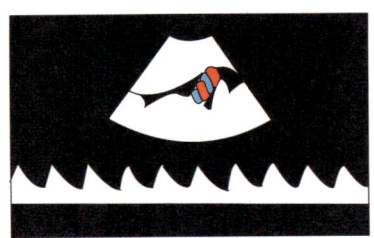

성장지연이 위험할 지경에 도달하는 경우 자궁 밖으로 나와서 살 가능성이 있는 나이가 되면 분만을 고려해야 한다.

09 | 임신 중 무얼 먹고 무얼 먹지 말아야 할까?

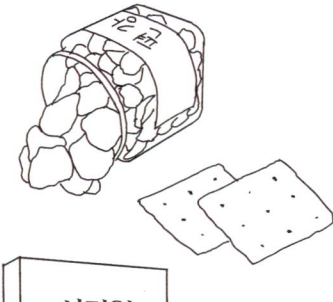

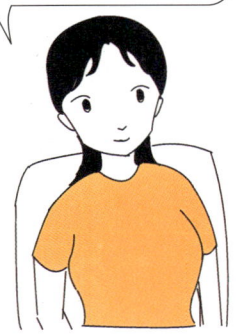

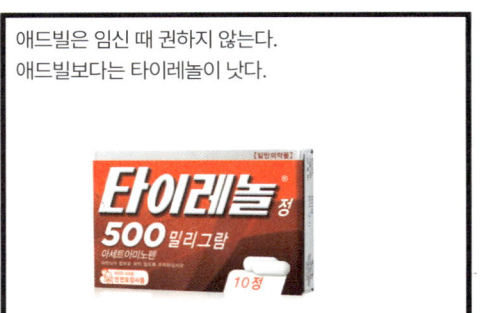

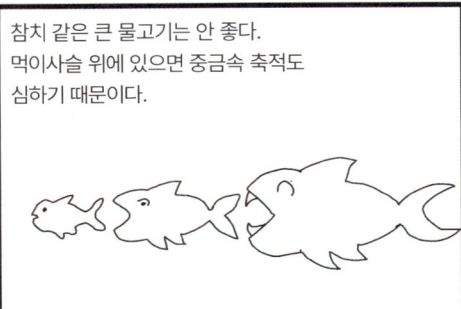

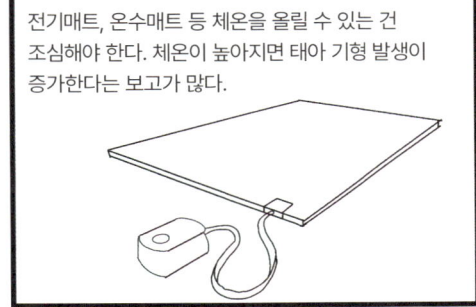

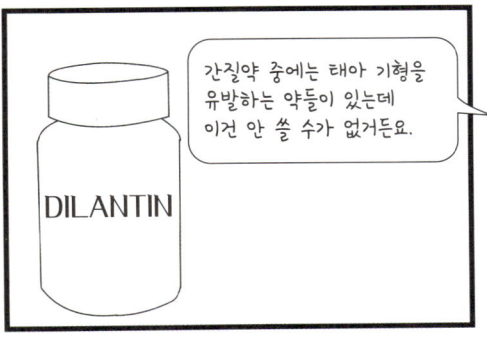

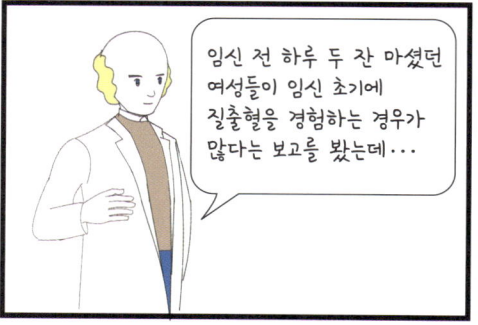

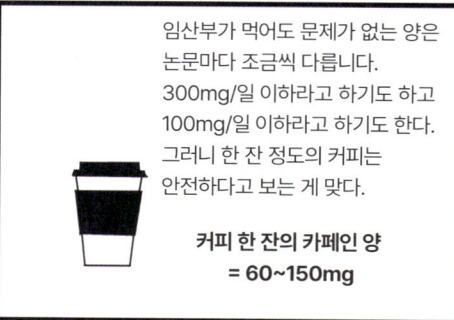

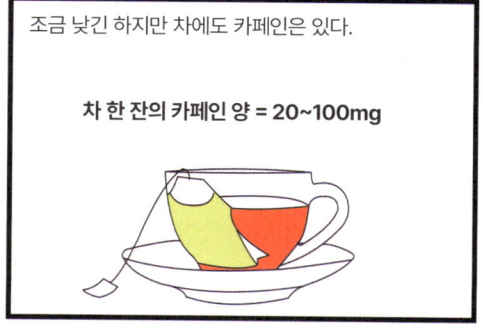

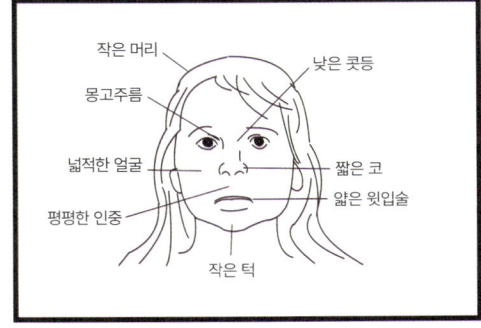

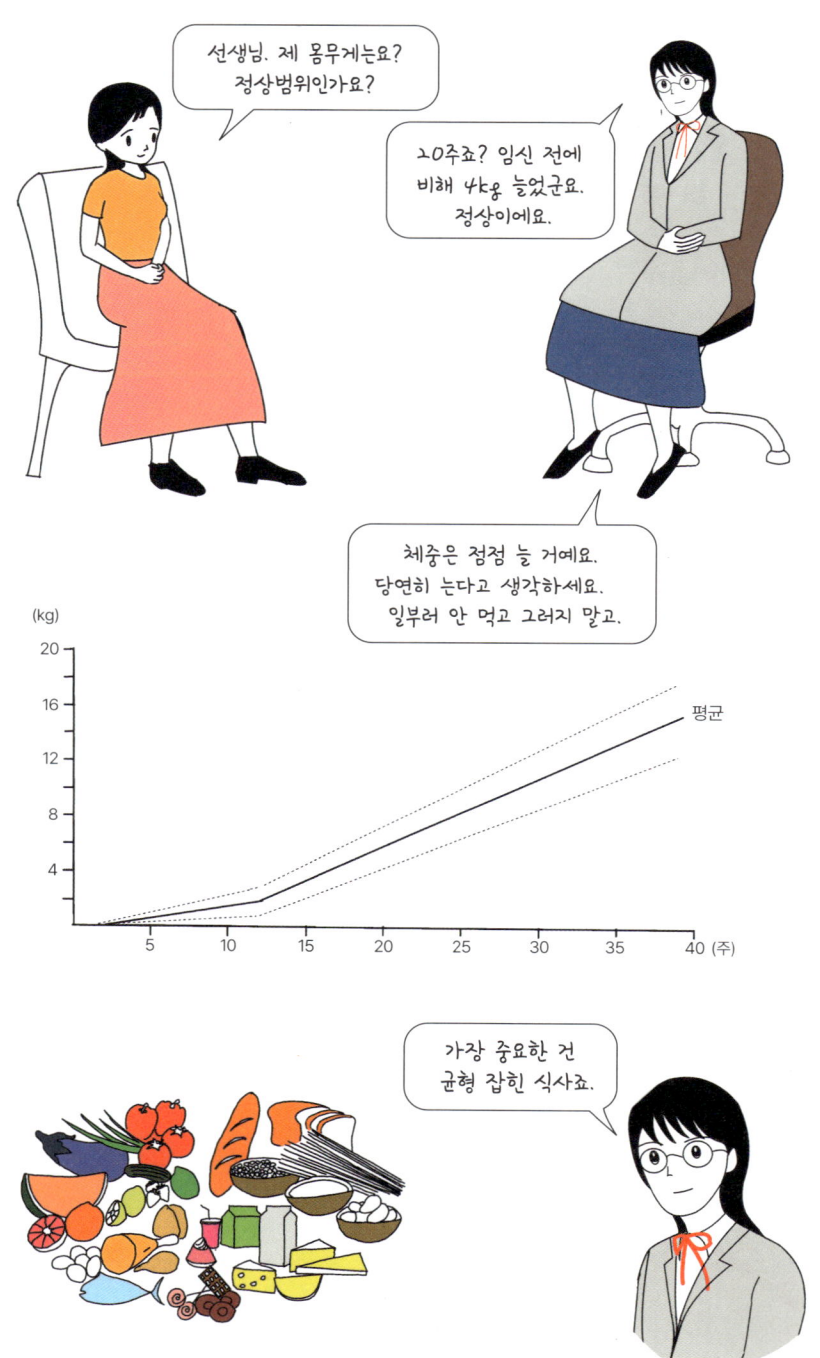

엽산 하루 권장량은 600μg이다.
엽산을 강화한 켈로그사의
스페셜 K 제품을 보면 100g 당 2180μg이 들어 있다.
약 30g 정도만 먹으면 하루 권장량을 다 먹는 셈이다.

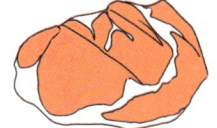

철분이 강화된 시리얼도 있긴 하다. 철분은 잘 흡수가 안 되는 게 문제이다. 좋은 소식은 비타민 C가 철분 흡수를 돕는다는 것. 철분제를 먹을 때는 커피나 차보다는 오렌지 주스가 좋다.

치질에는 좌욕을 하는 것도 좋고 케겔 운동도 좋아요.

산달이 가까워질수록 골반통이 생기는 경우가 많죠. 자궁이 내려오면서 골반의 인대들이 늘어나기 때문이에요.

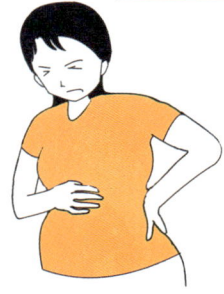
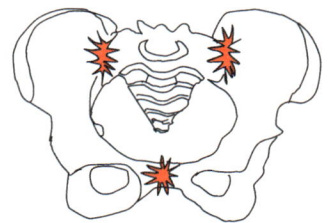

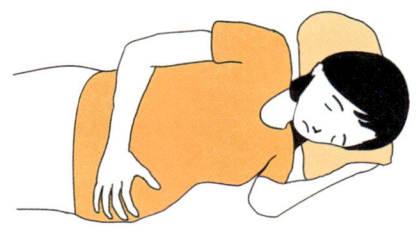

마사지나 찜질, 진통제를 쓰기도 하지만 무리하지 않고 눕는 게 제일 좋다.

복대를 쓰면 도움이 꽤 된다.

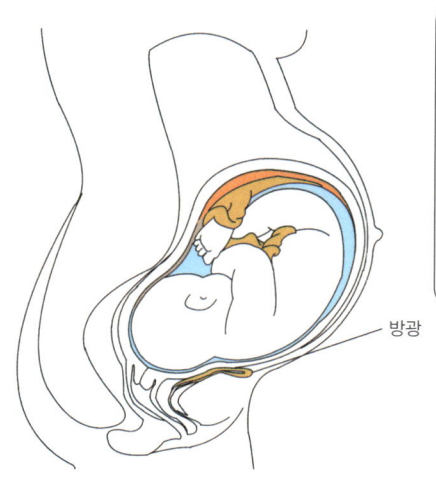 

자궁의 무게 때문에 등에 통증이 생길 수 있는데, 네 발로 버틴 자세에서 등을 올렸다 내렸다 하면 등근육의 긴장을 풀어줄 수 있어 통증을 완화시킬 수 있다.

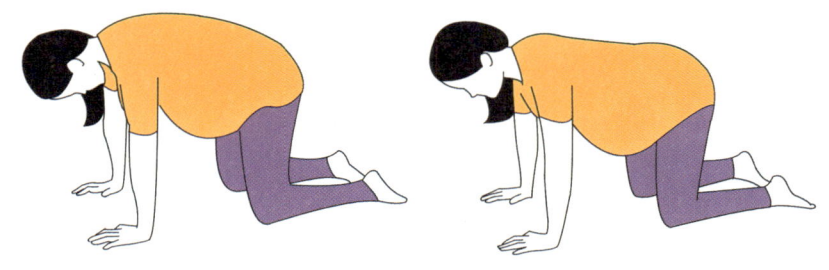

잘 때는 왼쪽으로 누워 베개를 다리 사이에 끼고 자는 것이 좋다.
등과 골반의 통증을 완화시키고 혈액순환과 소화에도 도움이 된다.

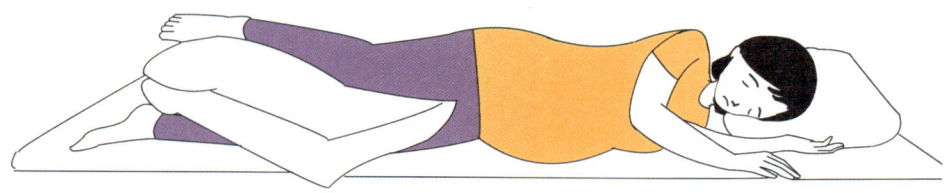

비둘기 자세

비둘기 자세나 나비 자세는 골반을 열어주는 대표적 자세들이다. 요가에서 흔히 취하는 이런 자세는 골반의 인대들을 유연하게 하여 분만에도 도움이 된다.

나비 자세

발을 다른 쪽 무릎에 올려놓고 아래로 누르면 태아에 의해 발생할 수 있는 좌골신경통을 완화시킬 수 있어요.

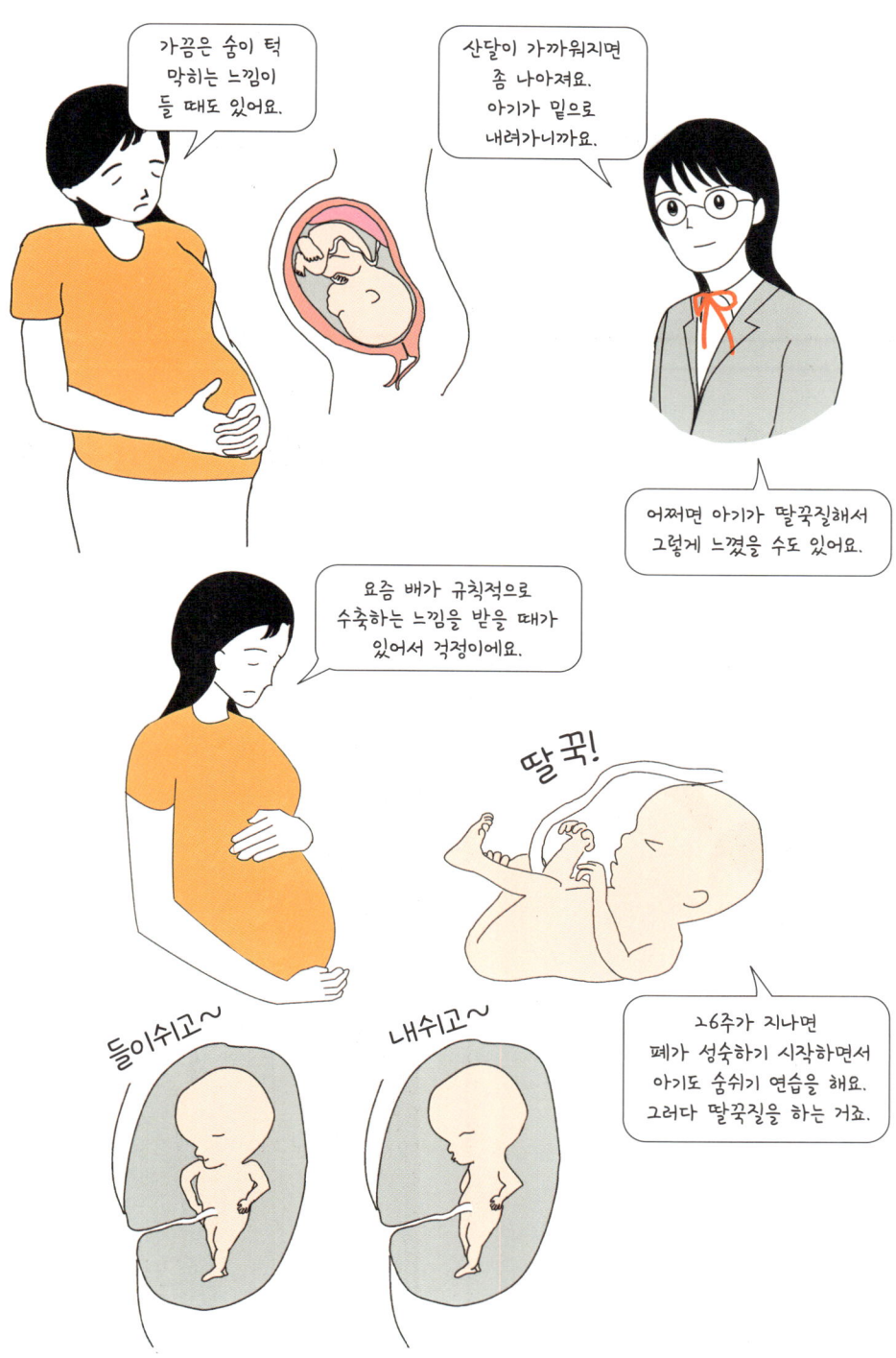

10 | 스트레스가 아이에게 주는 영향

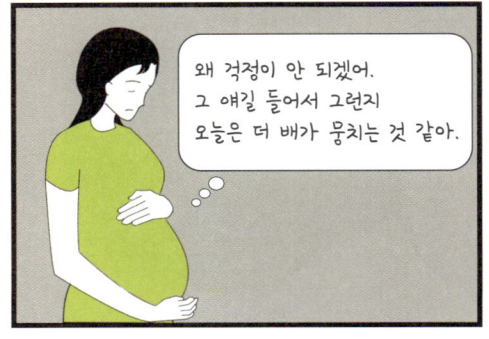

 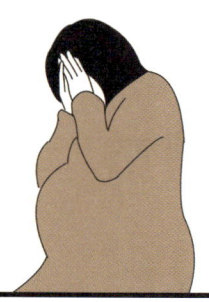

임신 기간 동안은 쉽게 불안해지고 우울해질 수 있다.
앞의 경우 같은 일이 있으면 더욱더.
임신 자체가 스트레스라고 할 수 있다.

 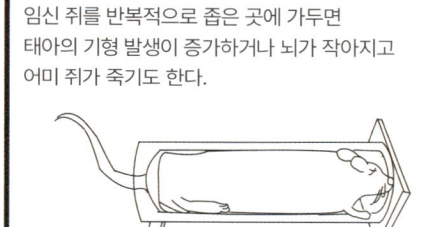

스트레스는 태아에 안 좋다고들 한다. 동물실험 결과도 많다.

임신 쥐를 반복적으로 좁은 곳에 가두면 태아의 기형 발생이 증가하거나 뇌가 작아지고 어미 쥐가 죽기도 한다.

사람에게는 이런 실험을 할 수 없지만 극도의 충격적 경험 (허리케인이나 9·11)을 겪은 산모들을 보면 스트레스가 어떤 영향을 주는지 알 수 있다.

 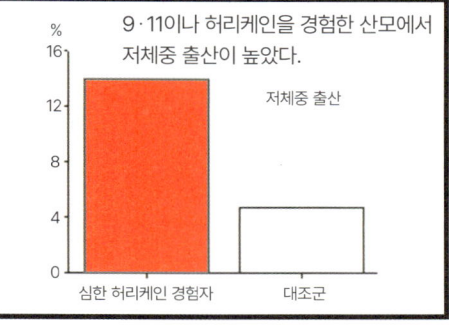

9·11이나 허리케인을 경험한 산모에서 저체중 출산이 높았다.

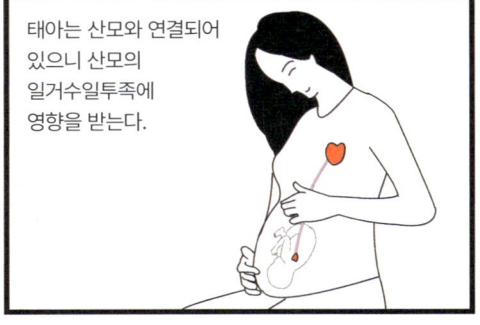

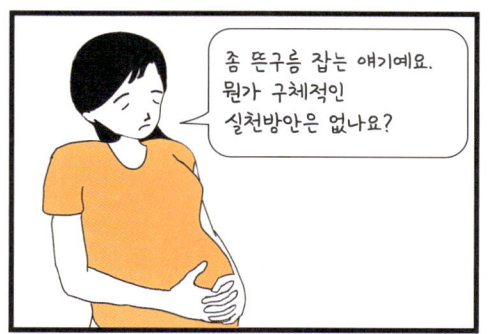

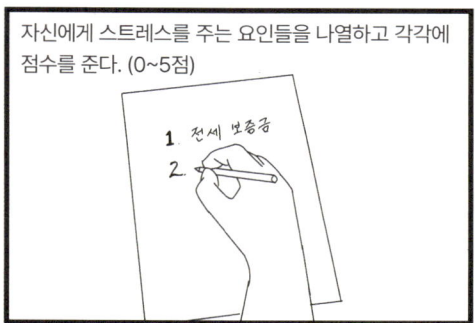
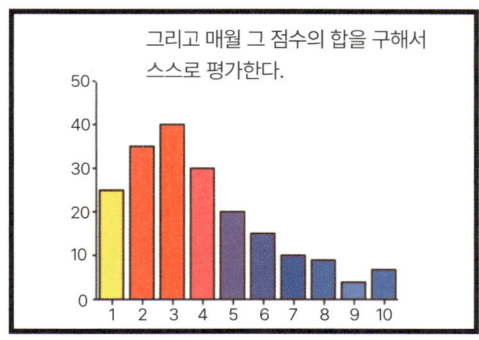

11 | 우울증, 엄마도 아이도 힘들다

우울증은 임신 때의 변화와 겹치는 경우가 많아서 간과하기 쉽다.

우울증은 2주 이상 우울하고 만사가 귀찮으면서
1) 식욕, 체중의 변화, 2) 수면패턴의 변화
3) 정신·신체적 증상(말이나 행동이 느려짐)
4) 피로, 5)죄책감, 자기 비하
6) 결정하기가 어려워짐, 7) 자살 유혹 중
5개 이상이 동반될 때 진단한다.

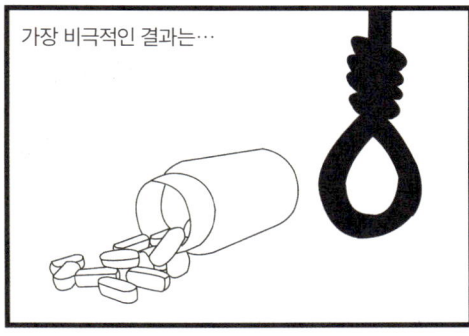

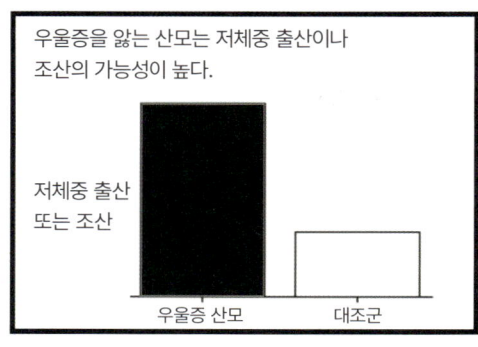
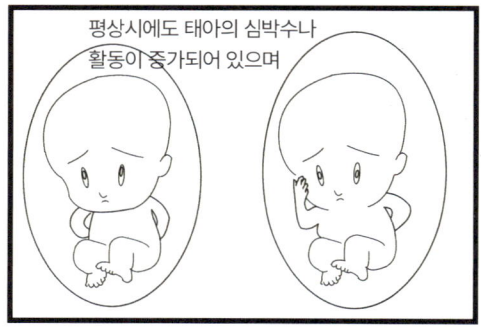

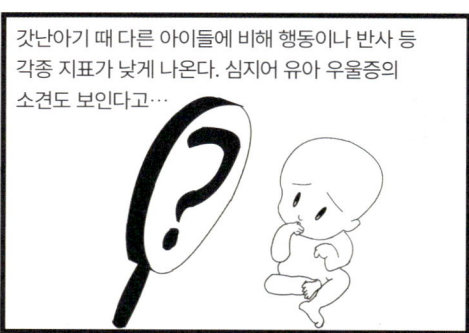

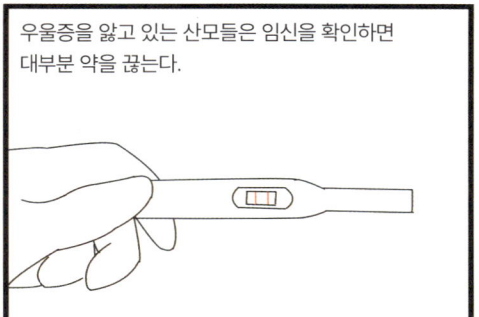
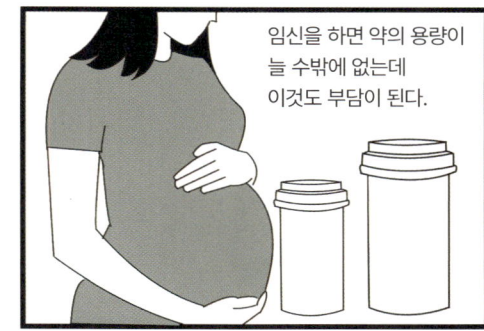
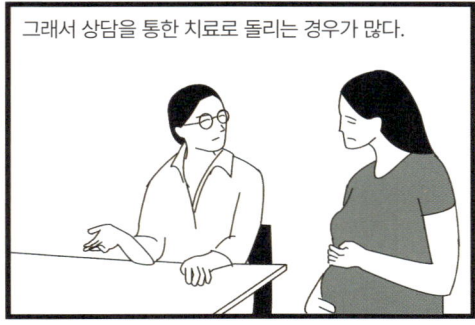
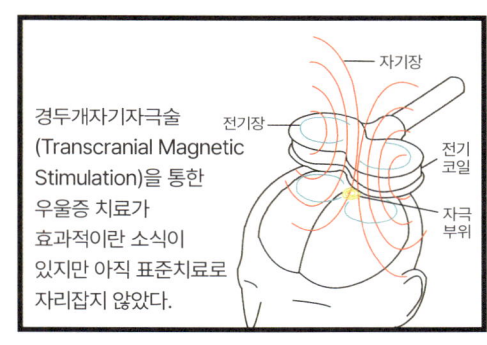

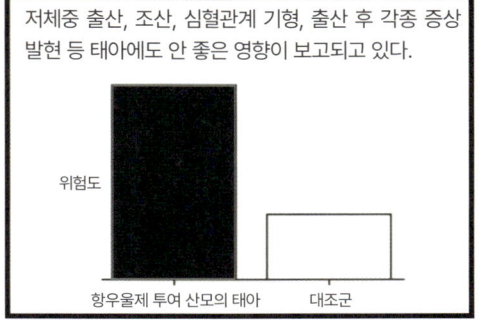
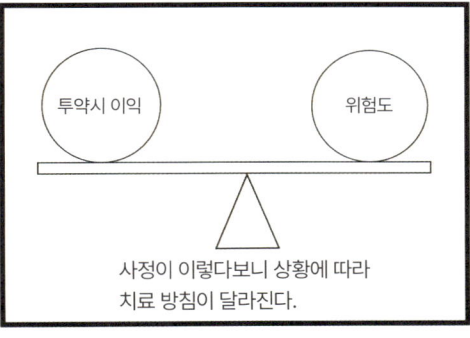

에딘버러 산후우울증 점수(Edinburgh Postnatal Depression Scale)

지난 7일 안에 어떤 감정을 느꼈는지 답하시오(오늘 아님)

1. 나는 웃을 수 있었고 사물의 밝은 면을 볼 수 있었다
① 늘 그렇듯 그럴 수 있었다
② 지금은 그렇지 않다
③ 지금은 확실히 그렇지 않다
④ 전혀 그렇지 못했다

2. 나는 웃을 수 있었고 사물의 밝은 면을 볼 수 있었다
① 늘 그렇듯 그럴 수 있었다
② 지금은 그렇지 않다
③ 지금은 확실히 그렇지 않다
④ 전혀 그렇지 못했다

3. 일이 잘못되면 필요 이상으로 나를 비난했다
① 늘 그래왔다
② 가끔 그랬다
③ 별로 그러지 않았다
④ 전혀 그러지 않았다

4. 아무 이유 없이 걱정하곤 했다
① 전혀 그러지 않았다
② 별로 그러지 않았다
③ 가끔 그랬다
④ 자주 그랬다

5. 아무 이유 없이 겁이 나거나 공포를 느끼곤 했다
① 자주 그랬다
② 가끔 그랬다
③ 별로 그러지 않았다
④ 전혀 그러지 않았다

6. 늘 맘에 걸리는 뭔가가 있었다
① 늘 그래서 대처하기 어려웠다
② 그래서 가끔 대처하기 어려웠다
③ 없었다. 있더라도 늘 잘 대처했다
④ 없었다. 그리고 난 늘 잘 대처해왔다

7. 기쁘지 않아서 잠을 못 잘 지경이었다
① 늘 그랬다
② 가끔 그랬다
③ 별로 그러지 않았다
④ 전혀 그러지 않았다

8. 슬프고 비참하게 느껴졌다
① 늘 그랬다
② 자주 그랬다
③ 별로 그러지 않았다
④ 전혀 그러지 않았다

9. 불행하게 느껴져서 계속 울었다
① 늘 그랬다
② 자주 그랬다
③ 별로 그러지 않았다
④ 전혀 그러지 않았다

10. 자해하고 싶은 생각이 들었다
① 꽤 자주 그랬다
② 가끔 그랬다
③ 별로 없었다
④ 전혀 없었다

1, 2, 4번은 제일 위 보기에 0점을 준다.(0, 1, 2, 3)
3, 5~10번은 제일 위 보기에 3점을 준다.(3, 2, 1, 0)
합이 10점 이상이면 우울증을 의심할 수 있다.

12 | 출산의 진행과정

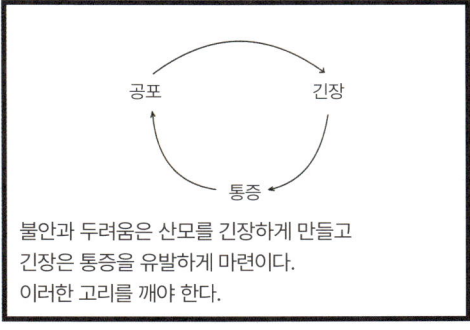

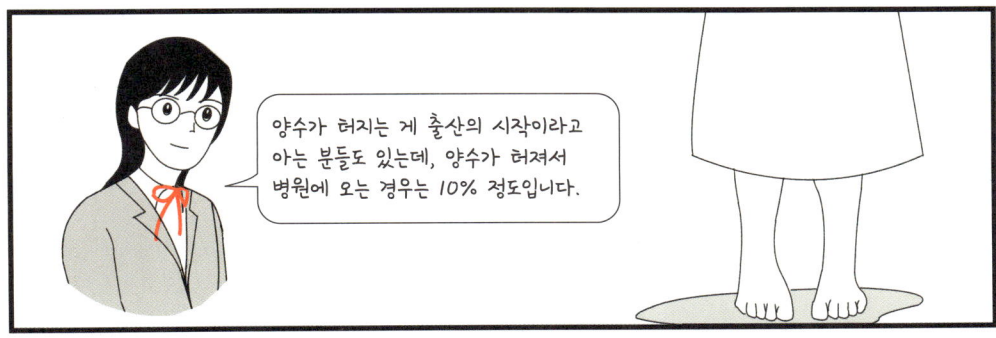

태아가 마개 역할을 하고 있기 때문에 아래쪽 양수가 터지면 물이 많이 나온다. 언제 터졌는지, 얼마나 나왔는지. 무슨 색인지 어떤 냄새가 나는지가 중요하다.

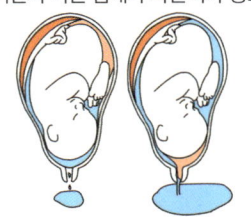

자궁의 입구를 막고 있는 점액성 마개가 나오기도 한다. 출산의 징후일 수도 있지만 무관하게 일찍 나올 수도 있다.

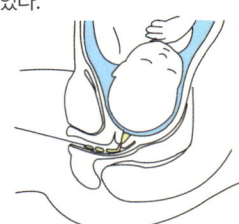

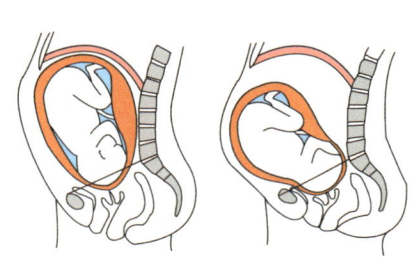

임신 말이 되면 태아가 골반 내로 진입합니다. 출산이 가까워졌다는 징후이지만 출산의 개시를 의미하지는 않아요. 산모는 숨쉬기가 편해지죠.

출산은 자궁 입구가 열리고 진통이 나타나면서 시작된다. 자궁이 6cm 열릴 때까지를 초기 진통이라고 한다.

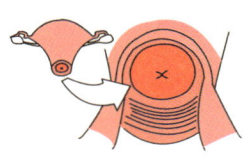

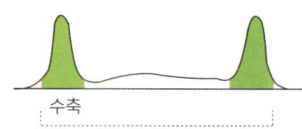

초기 수축은 30초 정도 지속되고 수축 간격은 20~25분 정도입니다. 수축이 시작되면 그 간격과 시간을 측정할 필요가 있어요. 패턴이 일정하면 진짜 수축이 시작되었다는 것을 의미하죠.

보통 초기 때에는 태아가 아래로 내려갈 수 있는 자세를 취하는 게 좋습니다. 이론적으로는 이때 물을 먹거나 음식을 섭취해도 좋습니다만 제왕절개 가능성 때문에 병원에서 그리 권장하지 않죠.

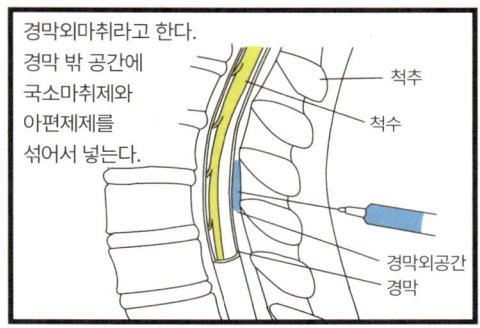

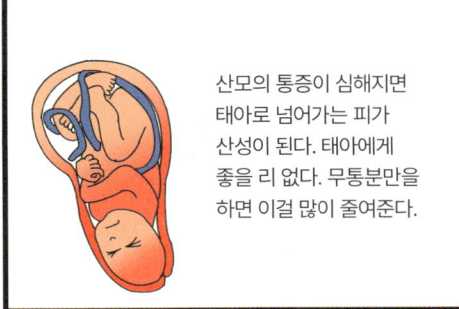
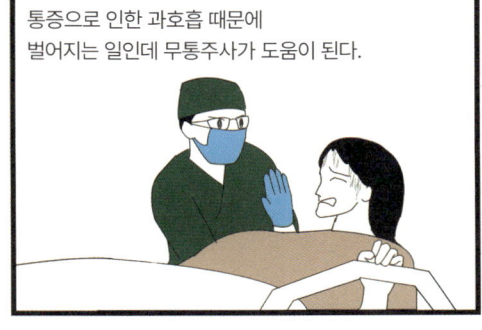

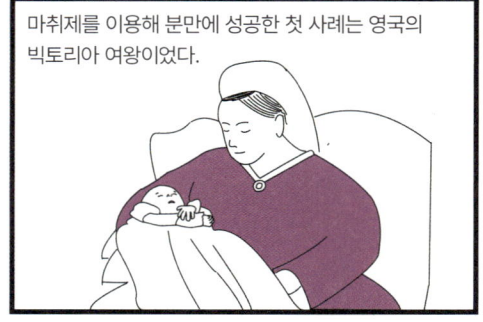

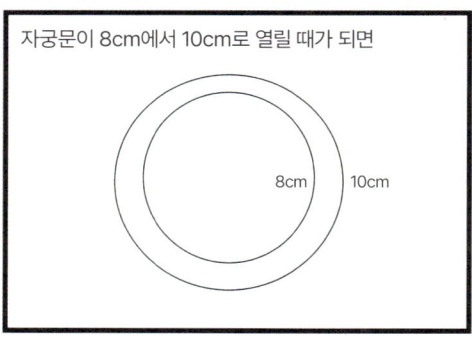
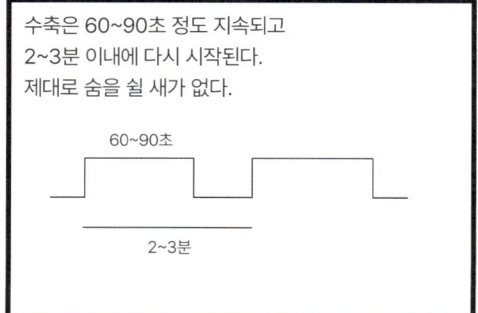

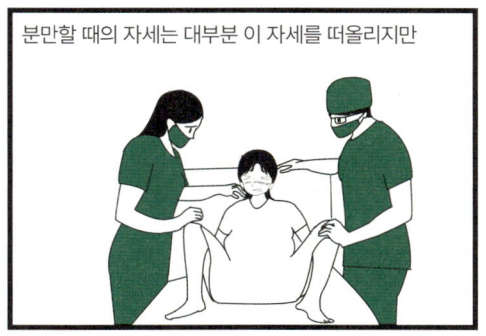

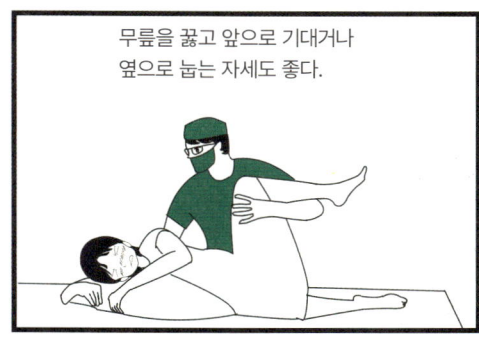

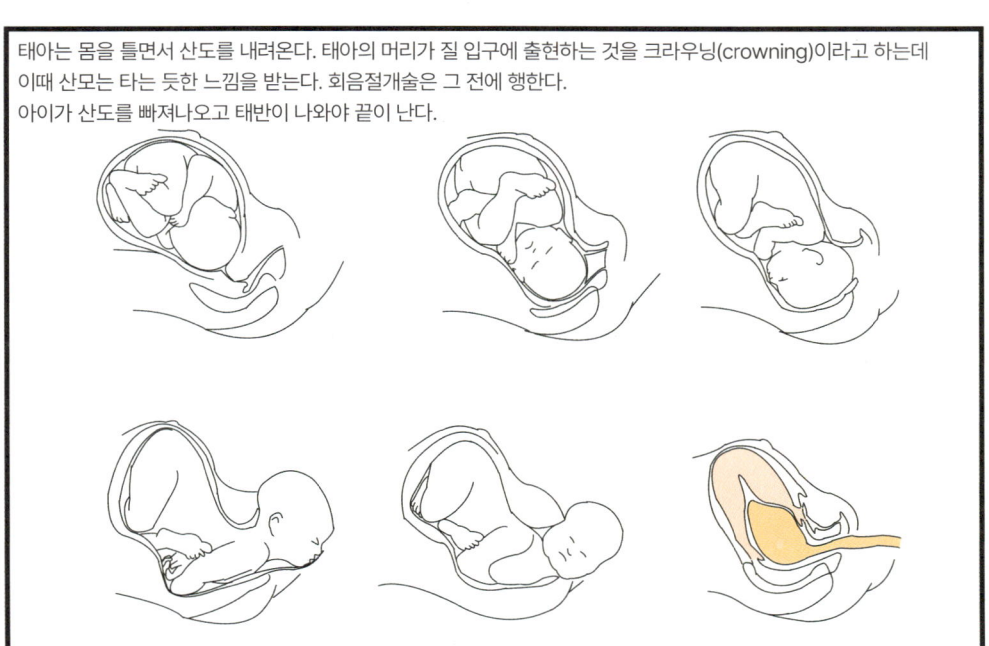

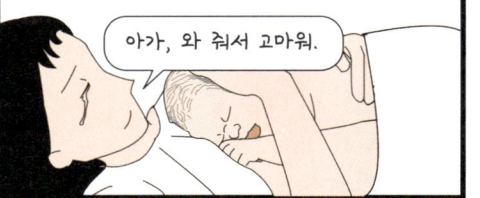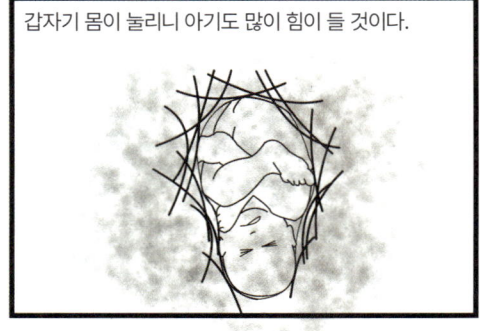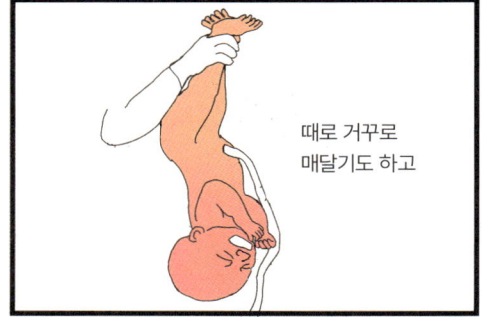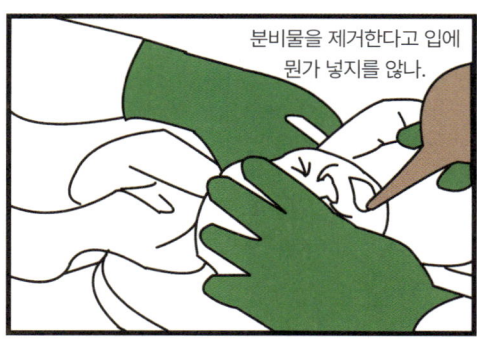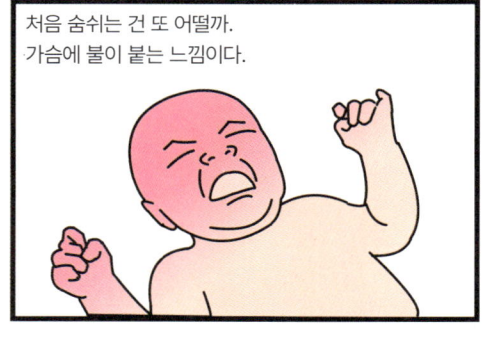

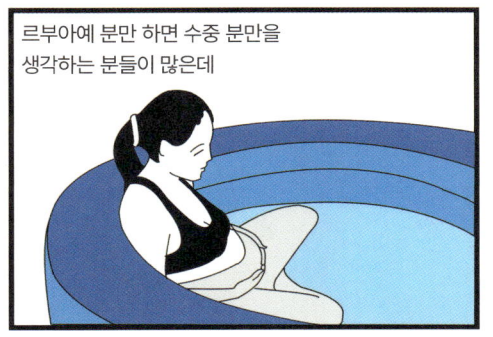

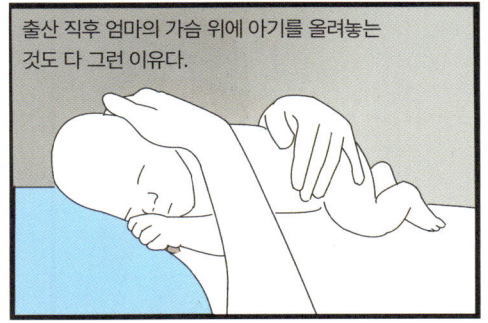
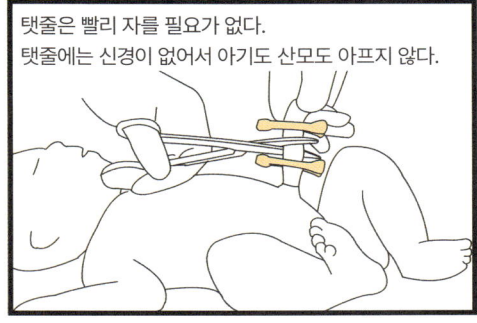
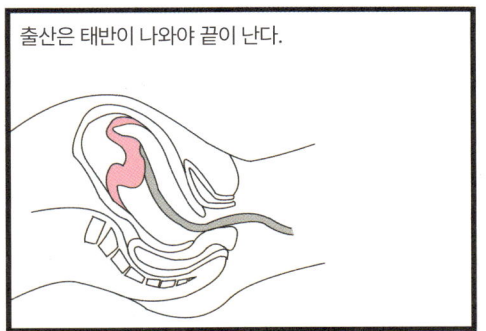
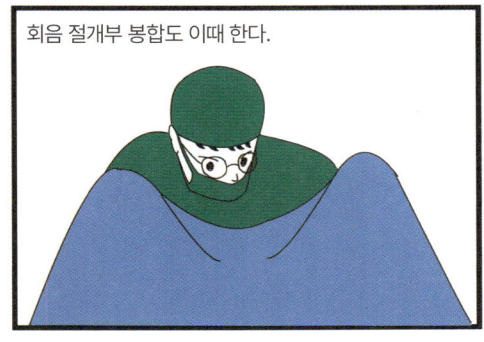

	0	1	2
피부색 (Appearance)	청색, 창백	핑크색 몸과 청색 사지	전신 핑크색
심장박동수(Pulse)	없음	100회/분 이하	100회/분 이하
반사반응 (Grimace)	축 늘어짐	자극에 미미한 반응	자극에 즉각 반응
근긴장도(Activity)	없음	팔, 다리 굽힌 상태	활발함
호흡(Respiration)	없음	느리고 불규칙	씩씩하게 울음

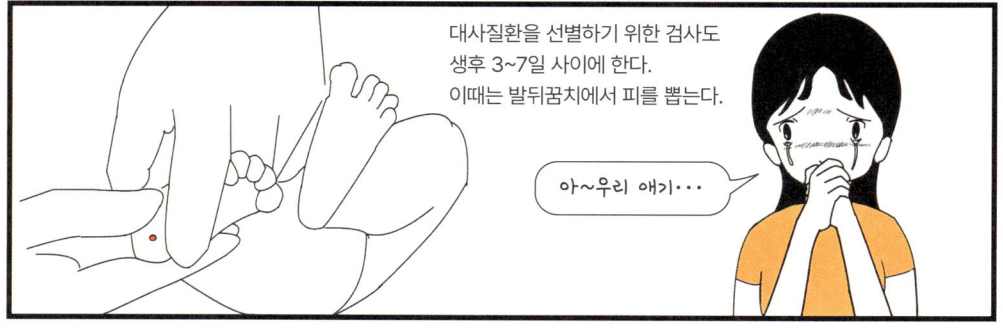

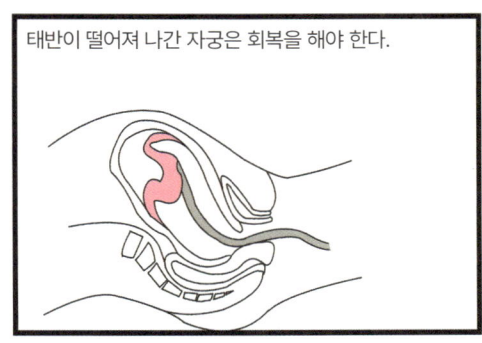
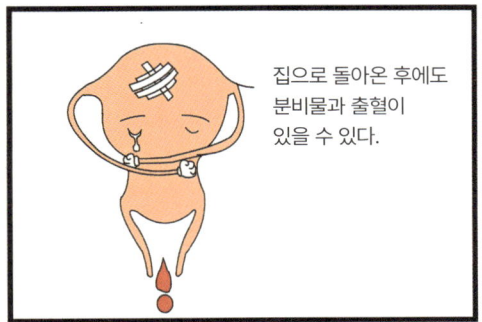
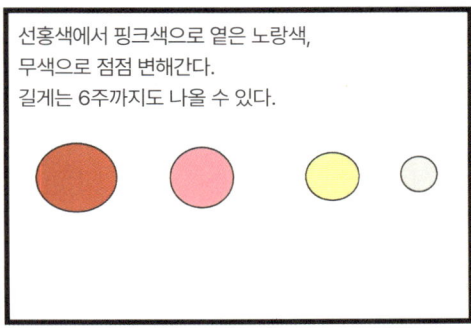

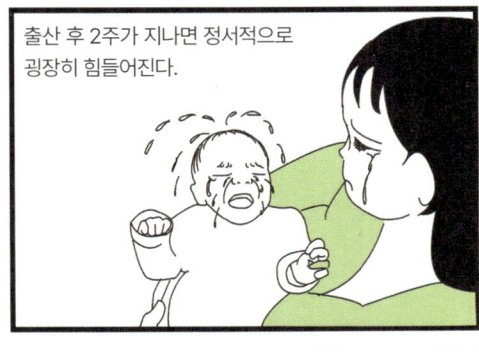

13 | 드디어 나오는 거니?

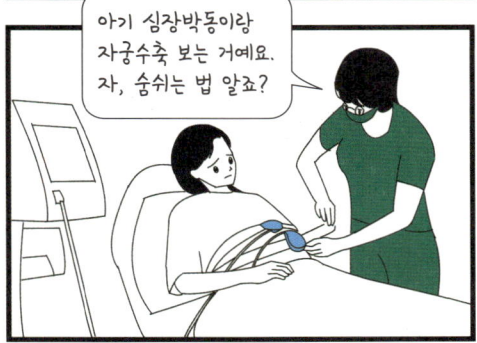
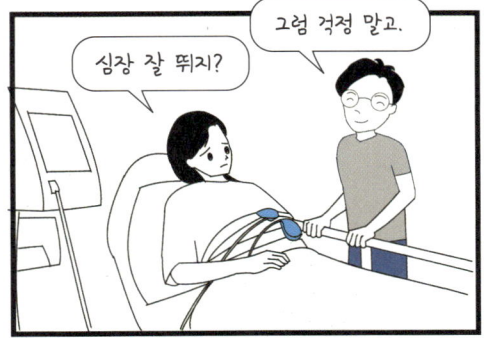

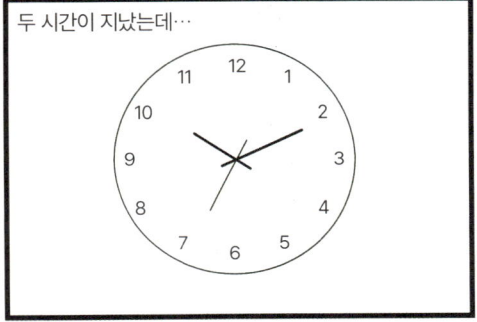

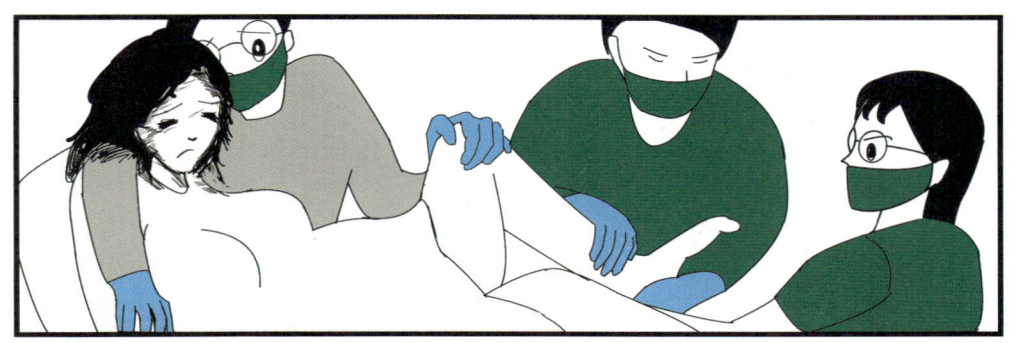

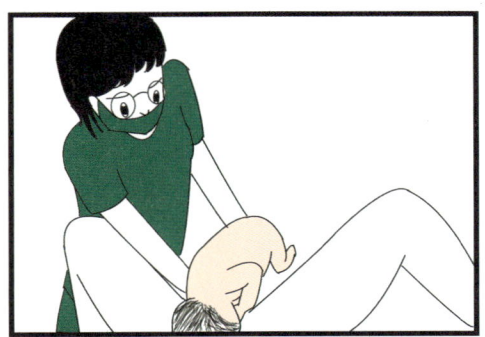

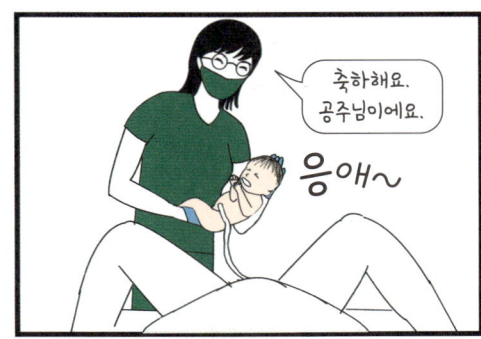

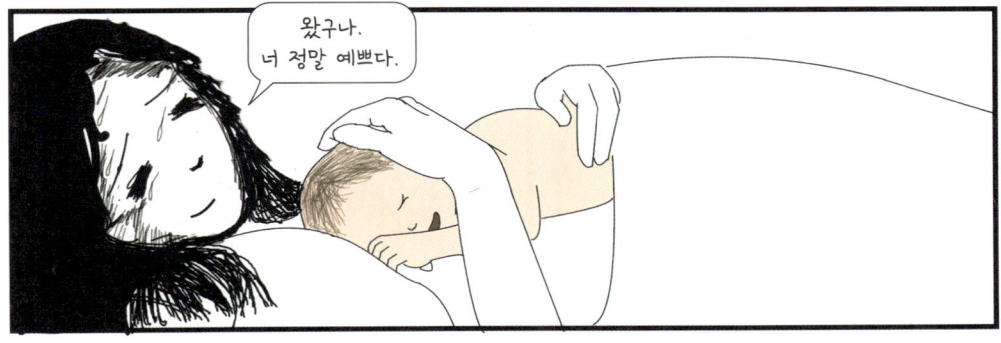

14 | 전쟁 같은 밤이 시작되다—신생아 돌보기·수유

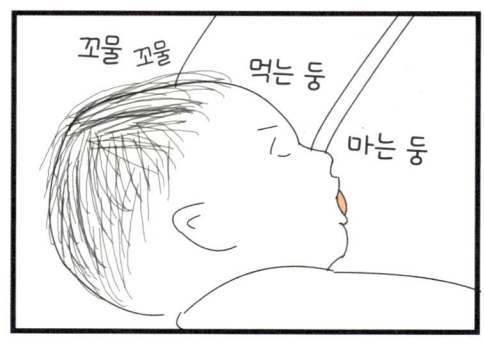

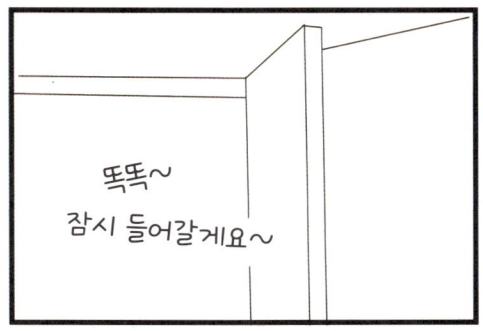

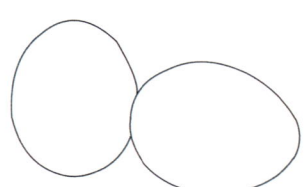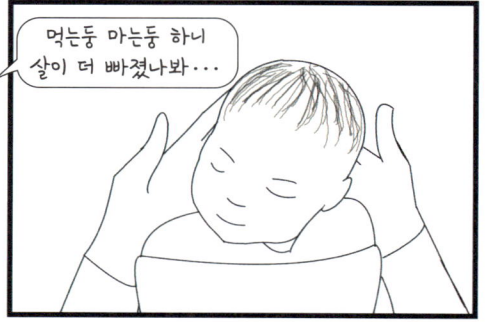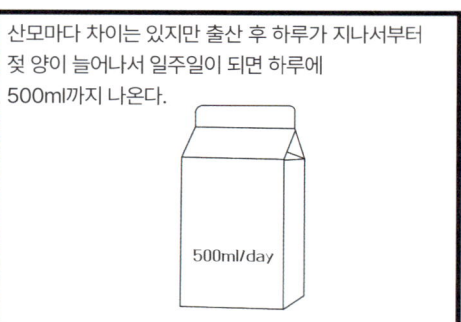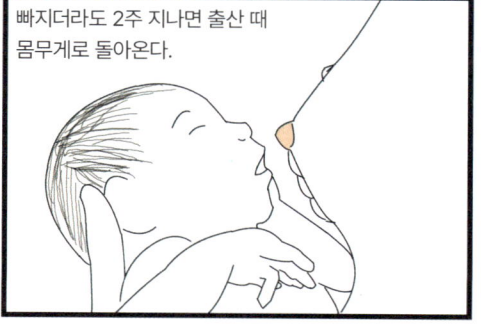

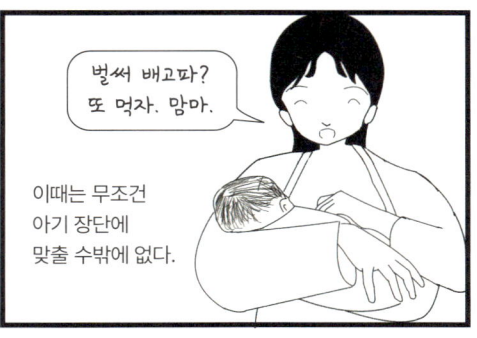
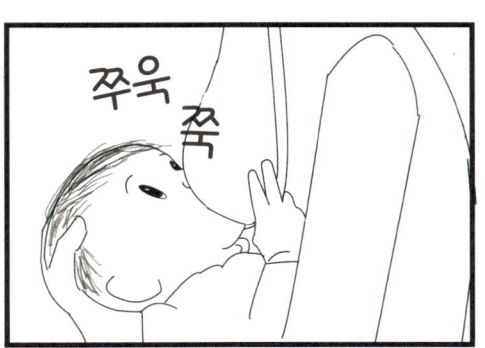

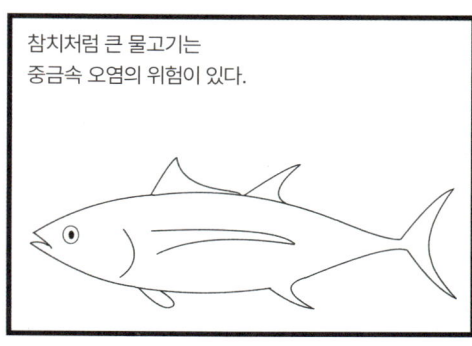

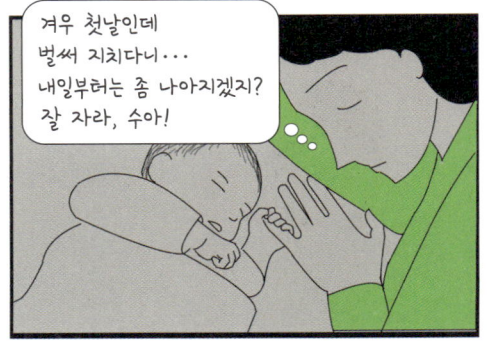

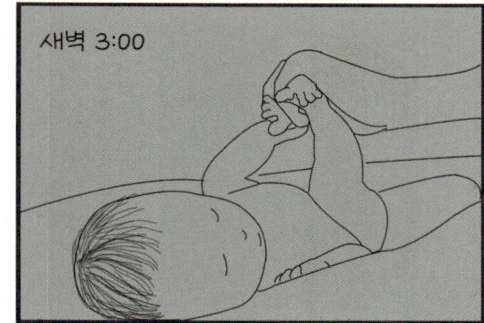
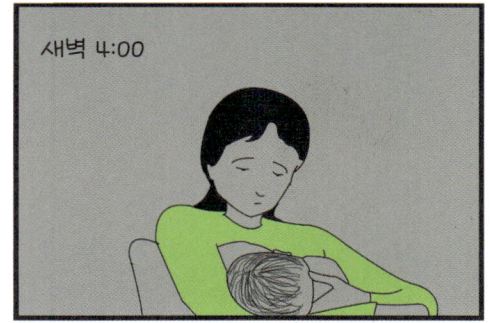

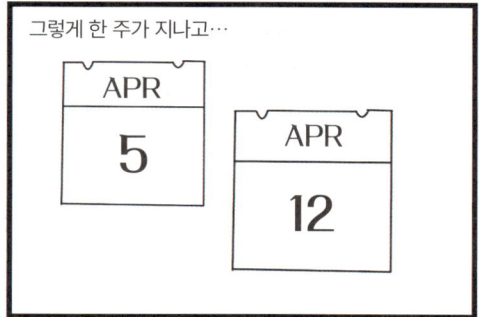

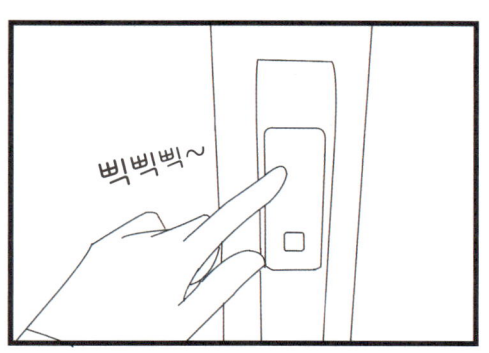

15 | 이 녀석, 날 따라하네 — 혀 내밀기

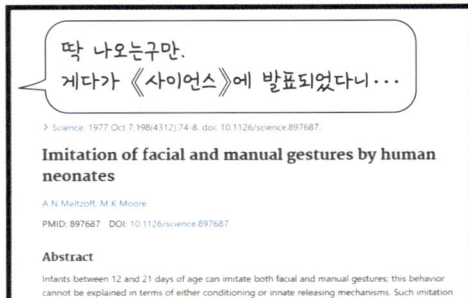

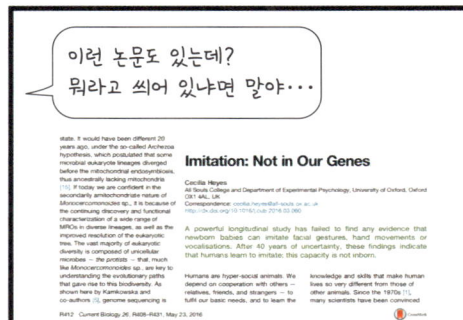

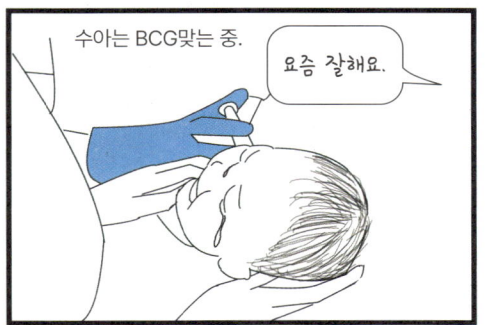

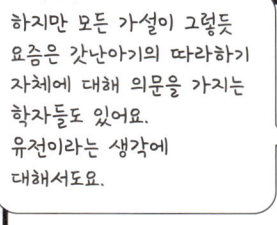

16 | 아기는 얼굴을 좋아해 — 아기가 보는 것들

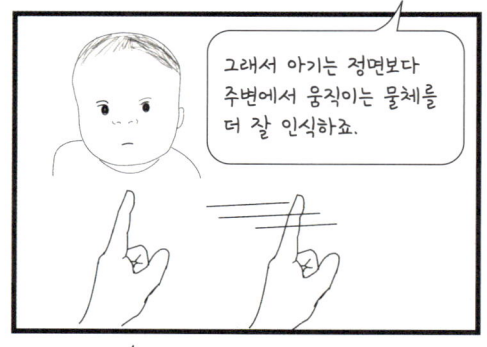

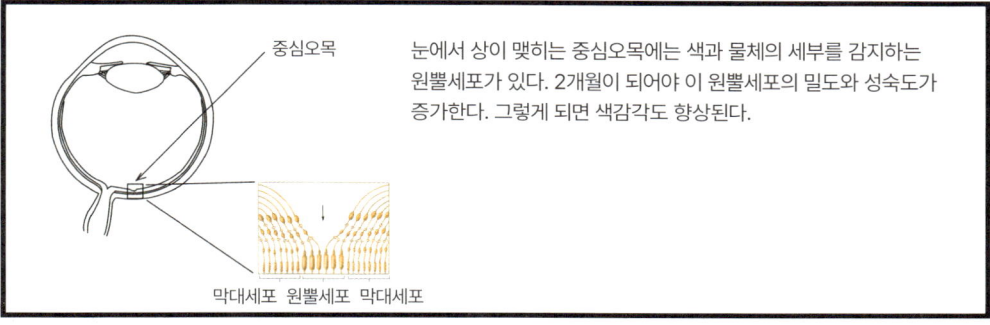
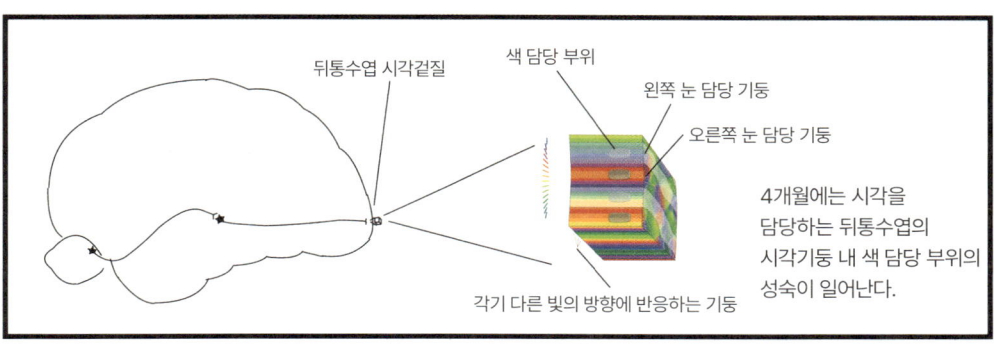

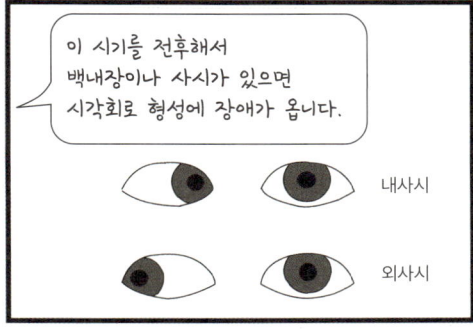

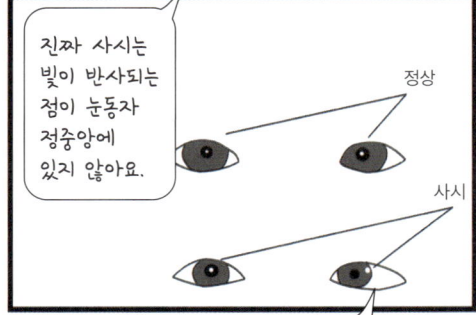
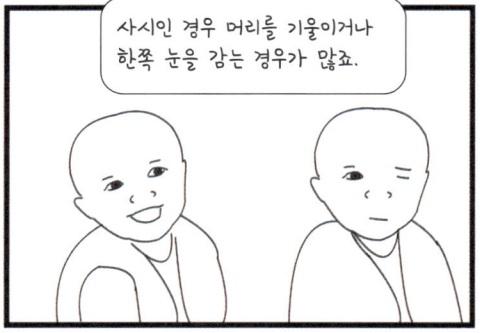

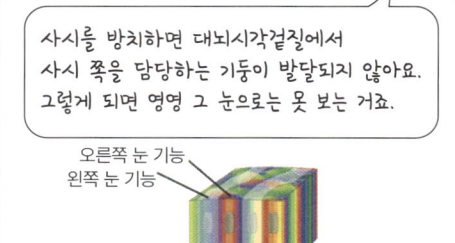

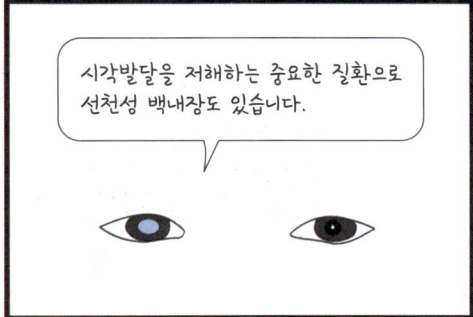

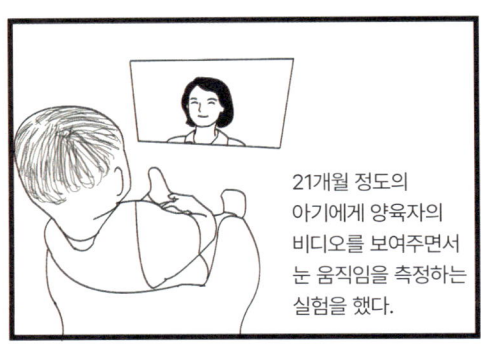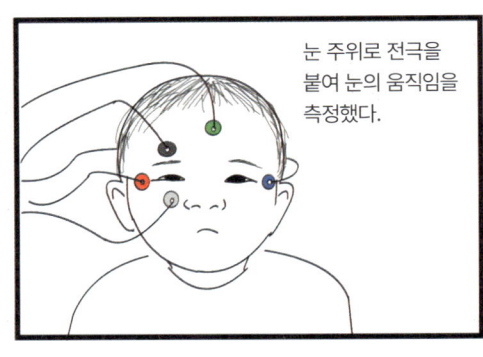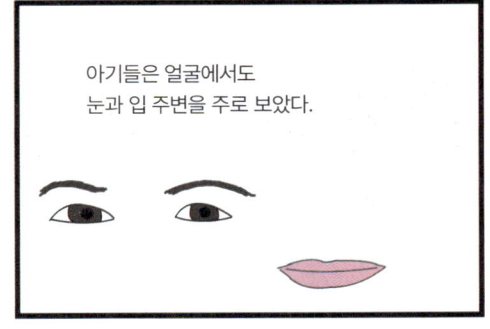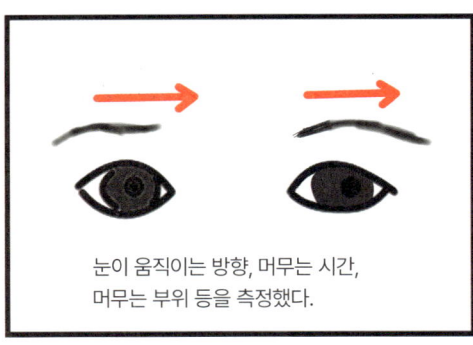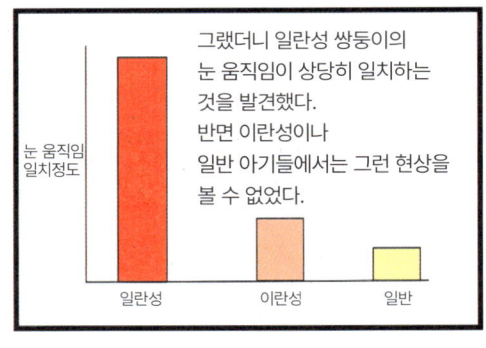

17 | 아기들이 마음을 읽는 법

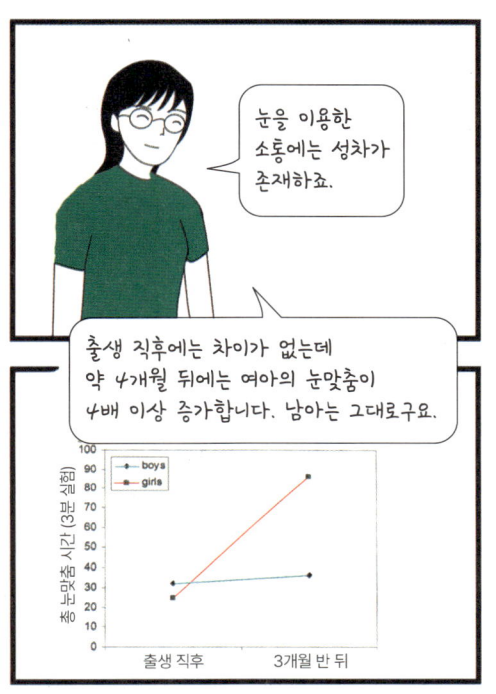

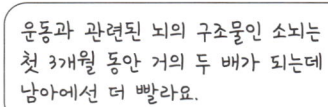
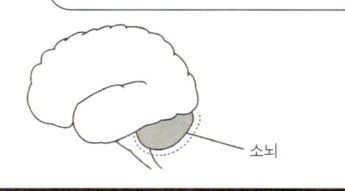
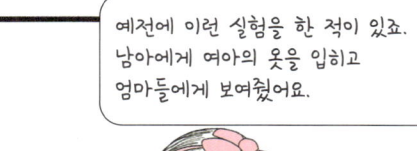

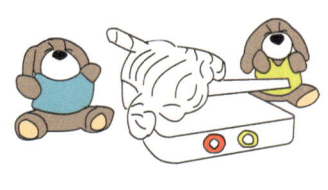

18 | 나 네 편 할래

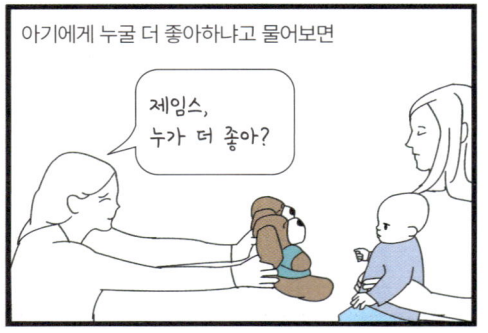
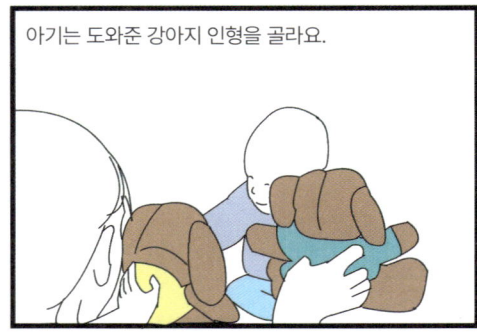

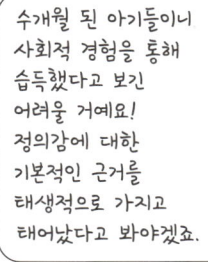

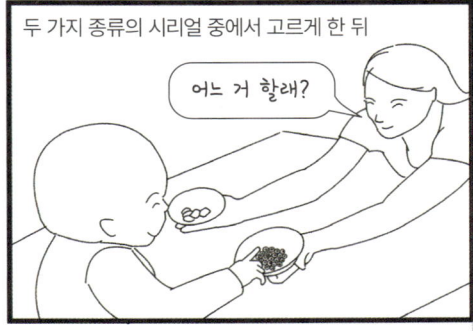

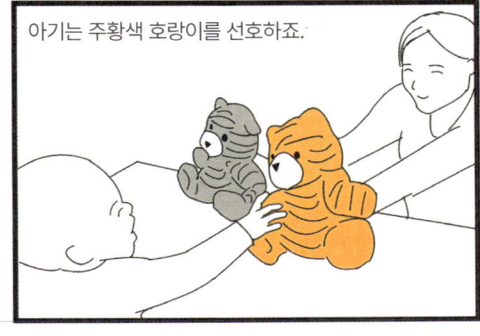

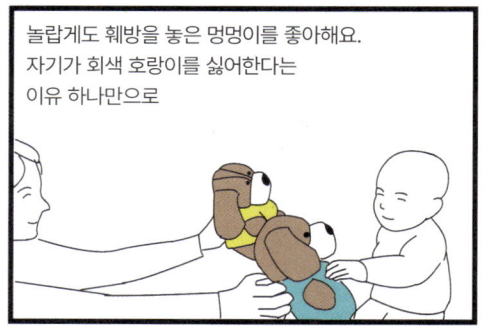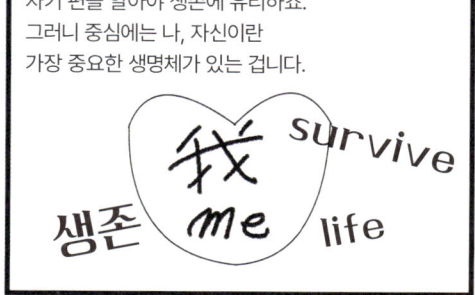

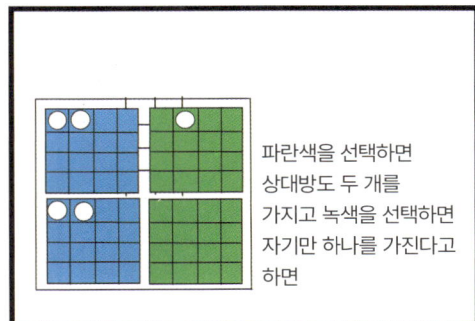

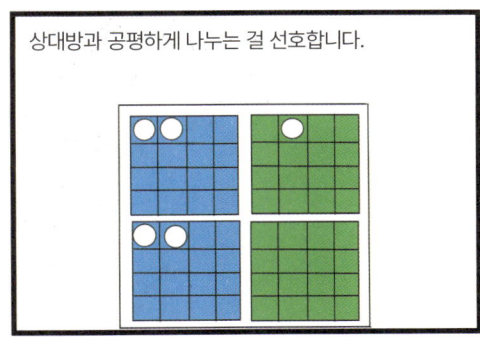
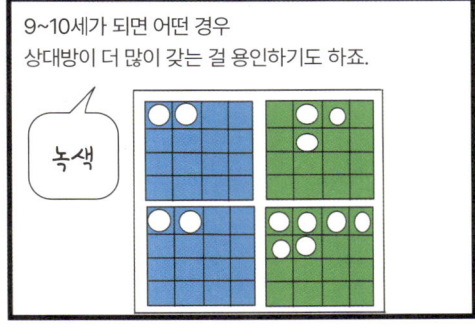

19 | 뻗고 잡고 기고 걷는 아기의 손과 발

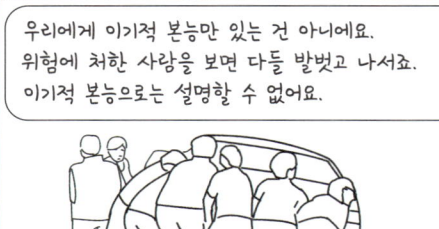

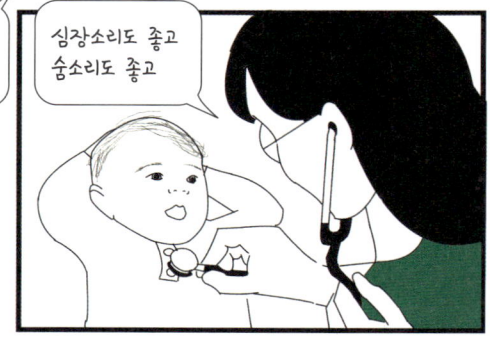

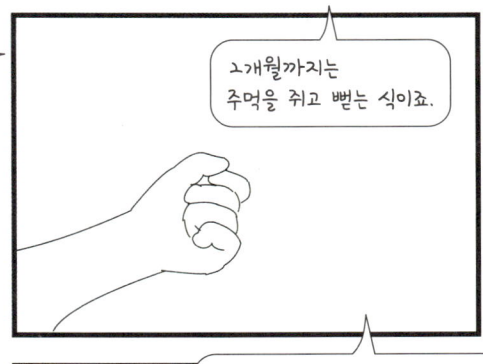
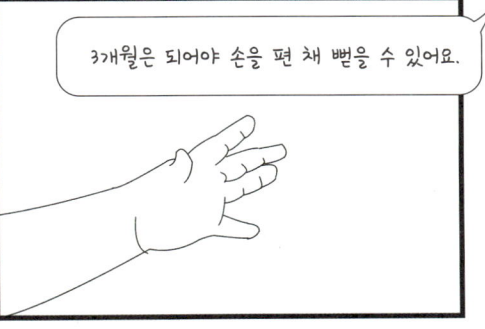

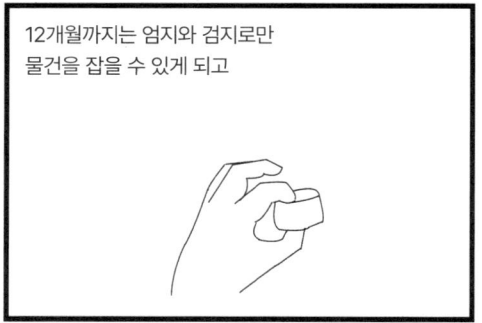
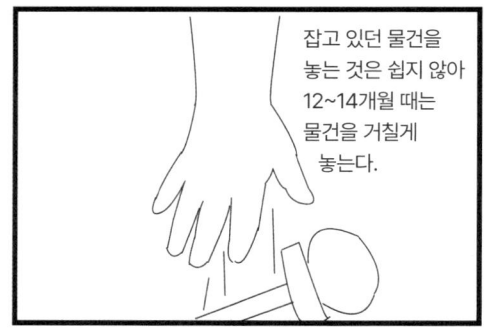
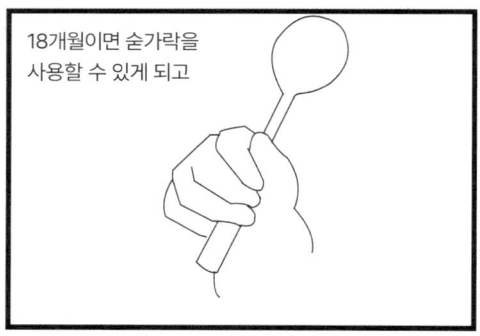
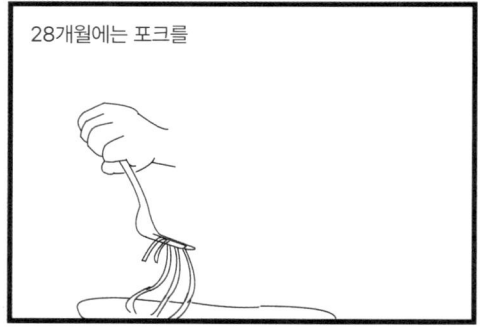
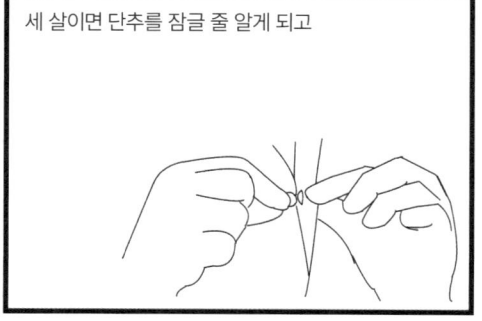
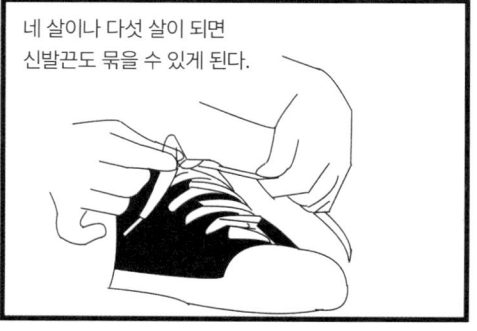

그렇기는 해도 아기들의 운동발달은 대부분 정해진 순서를 따릅니다.

3개월: 목 가누기
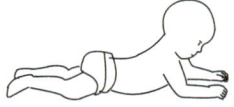

5개월: 뒤집기

6개월: 손으로 지탱하고 앉기

9개월: 잡고 서기, 기어다니기
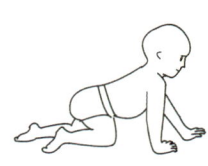

12개월: 잡지 않고 서고 걷기

15개월: 능숙하게 걷기

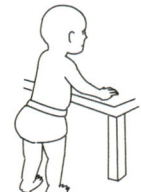

호피인디언 부족은 아기들을 꽁꽁 묶어 등에 메고 다니지만 그런 아기들이라도 15개월이 되면 다 걷거든요. 그러니 운동발달은 유전적 영향이 크다고 할 수 있죠.

그렇지만 환경적 요인을 무시할 순 없어요. 이와 관련해서는 좀 무섭고 슬픈 실험 얘기를 하나 해야 해요.

1940년 오스트리아에서 르네 스피츠라는 학자가 고아원에서 아기들을 침대에 격리시키는 실험을 했어요. 전담 간호사에 좋은 음식을 제공했지만 말을 걸지도 안아주지도 않고 아기들은 서로 떨어져 있어야 했죠.

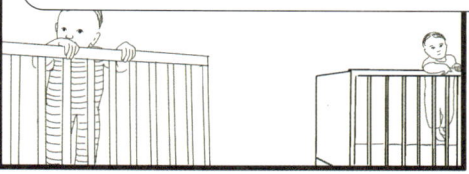

방치된 아이들은 대부분 그 세가 되기 전에 죽었죠. 살아남은 아기들에게도 정서적, 지능적 문제가 생겼고요.

비교대상이 된 다른 아기들은 엄마가 교도소 재소자였어요. 하루 중 정해진 시간에 나와 아기들을 돌봤는데 그 아기들은 문제없이 자랐어요.

지금으로서는 상상도 할 수 없는 실험이었죠.

그런데 놀라운 사실은 방치된 아기들이 1년이 지나도 앉지 못하고 2년이 지나도 걷지 못했다는 거예요.

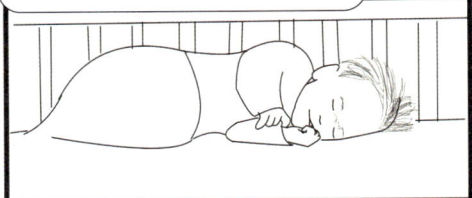

이건 신경학적으로 설명할 수 없는 일이죠. 아마 아기들의 운동발달에는 사랑과 관심이란 환경도 필요한 모양입니다.

비록 신경계가 성숙되어야만 운동발달이 이뤄진다고 생각하고는 있지만 이처럼 여러 요인들에 의해 영향을 받는 것도 사실이죠. 심지어 훈련이 영향을 줄 수도 있다고 생각하죠.

신생아에선 디딤반사를 볼 수 있어요. 들어서 세워놓으면 마치 걷는 것처럼 발을 움직이는 걸 말하죠. 이걸 계속 훈련시키면 다른 아기들보다 빨리 걷는다는 보고가 있습니다.

수아야 이제부터 특훈이다. 튼튼하게 키워줄게.

20 | 달래는 게 이렇게 힘든 일이었다니

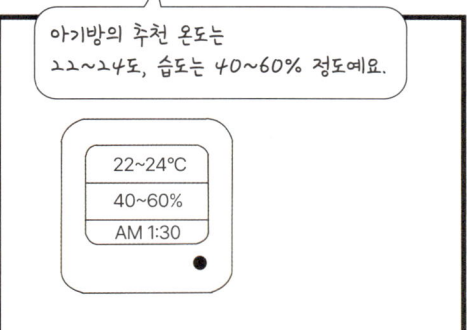

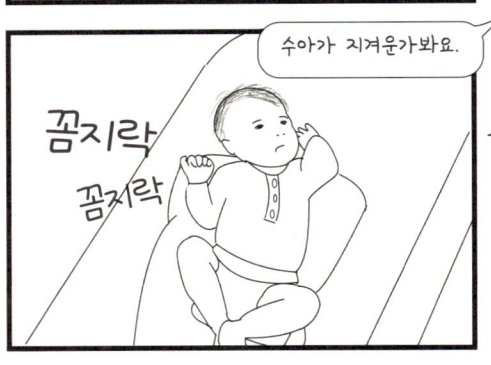

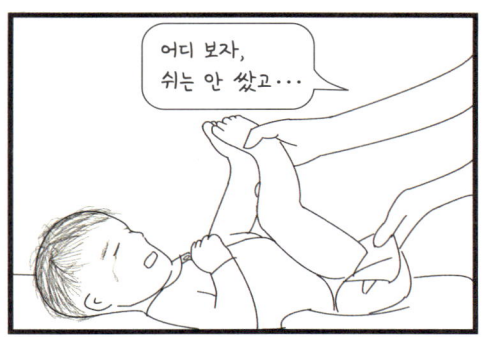

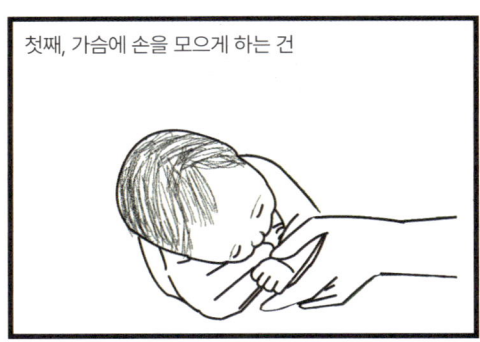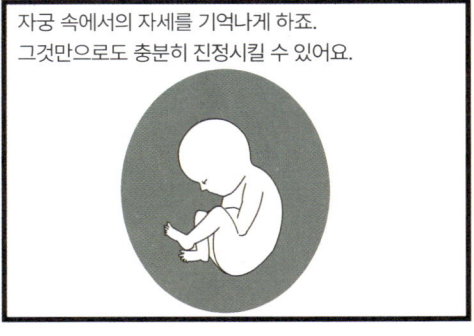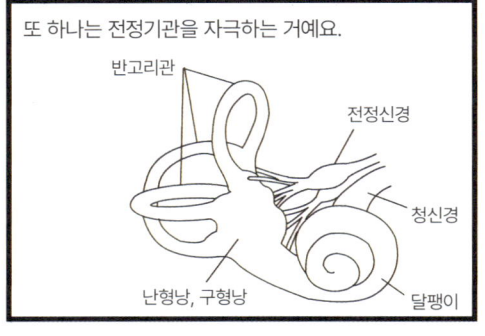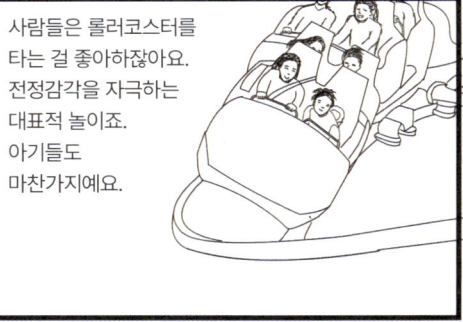

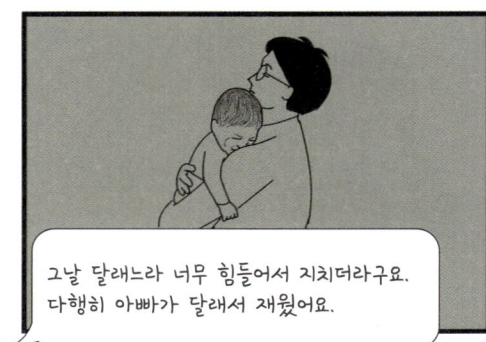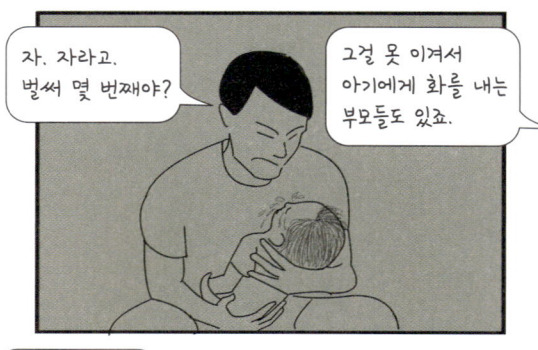

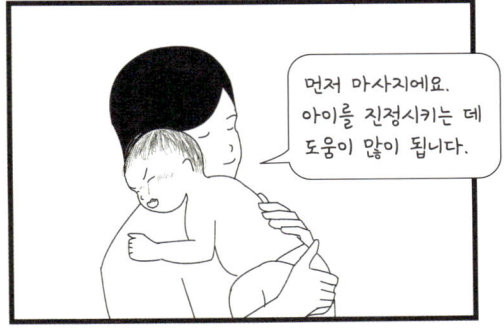

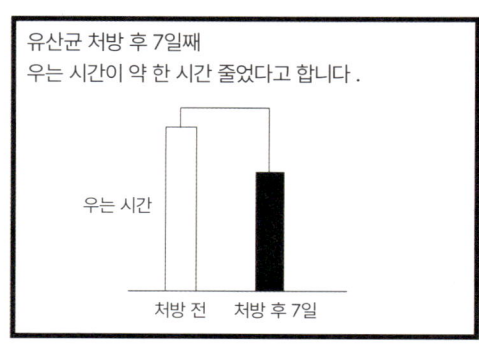
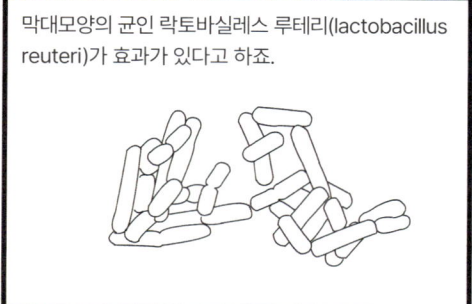

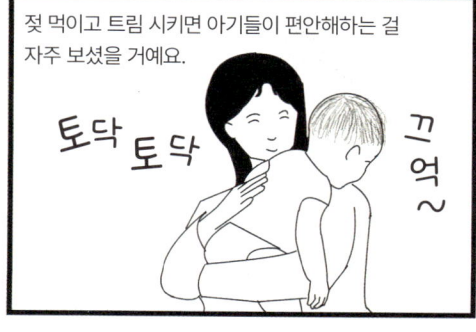

21 | 아기는 어떻게 잠드는지 몰라요

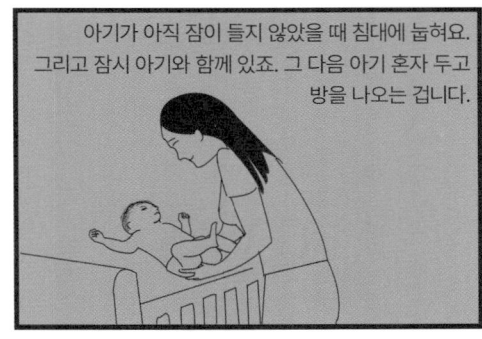
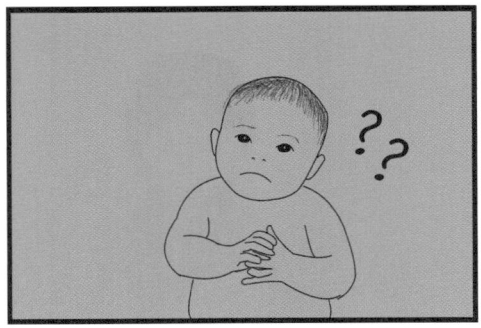

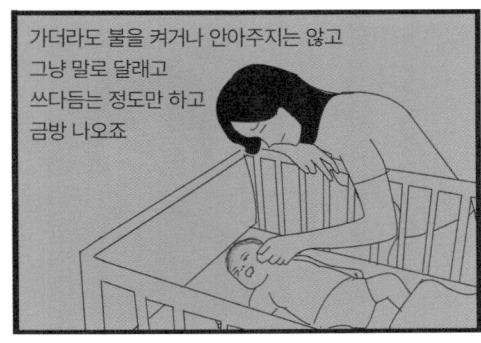

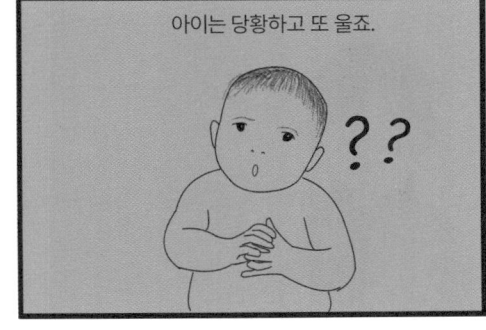

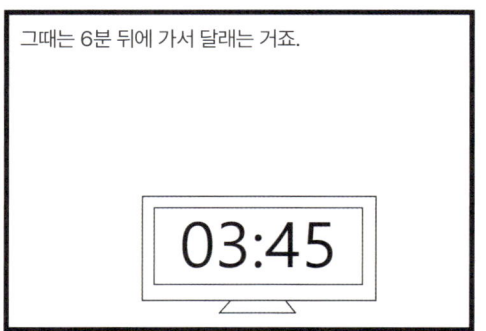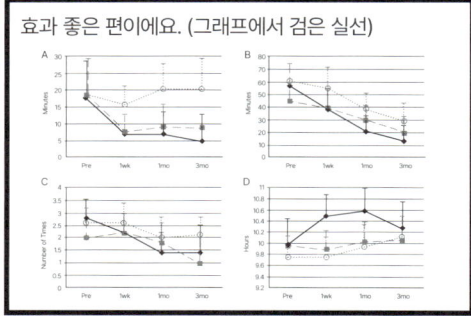

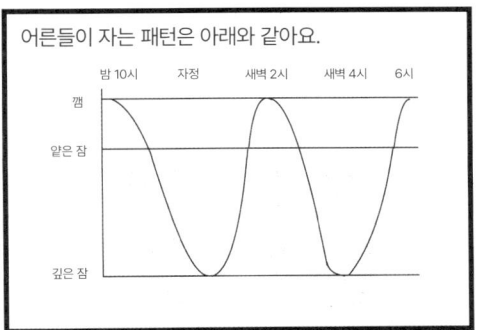
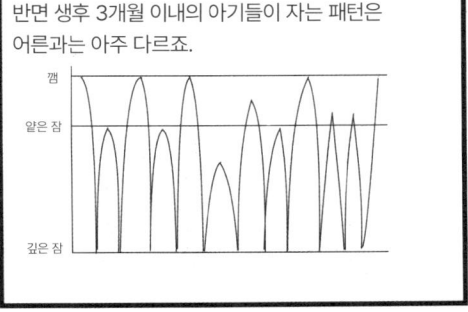

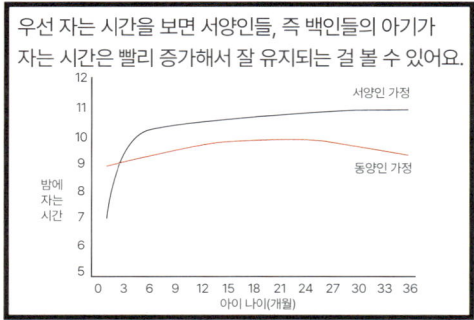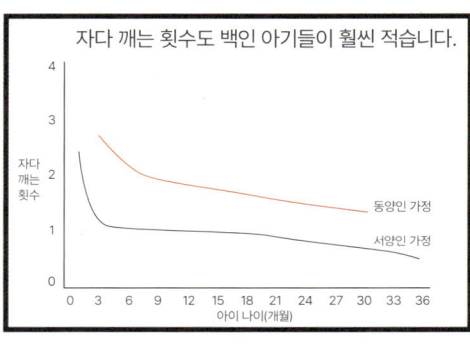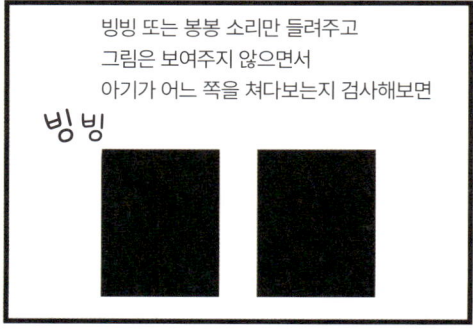

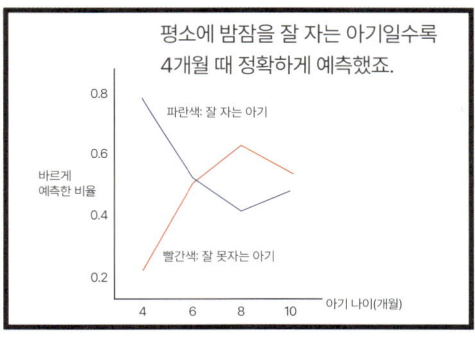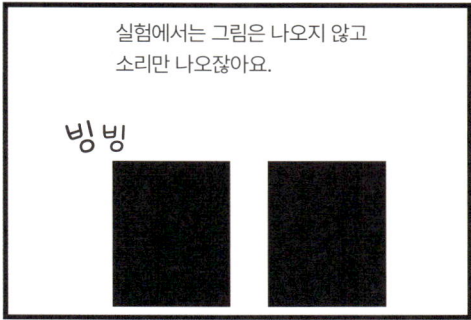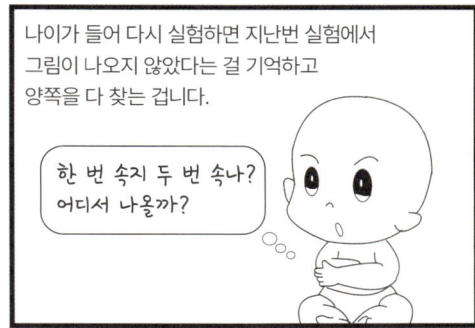

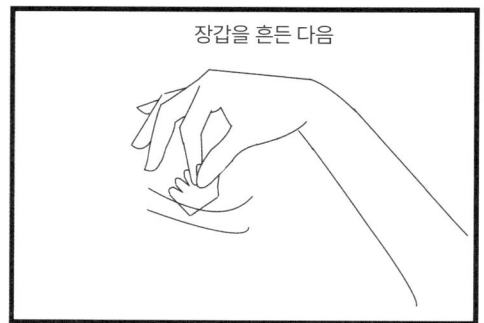

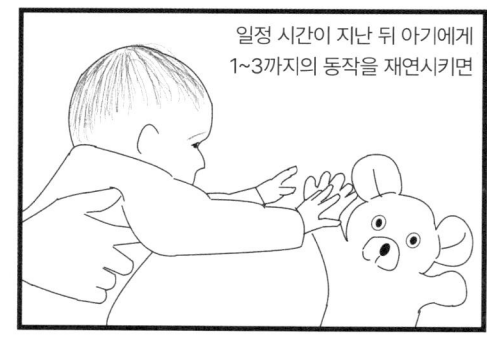
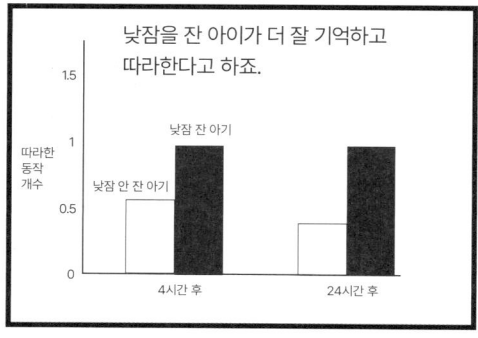

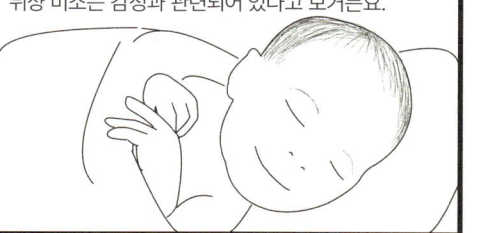
입꼬리가 올라가는 뒤샹 미소(Duchenne smile)는 눈이 빨리 움직이는 REM 수면 때 주로 보여요. 뒤샹 미소는 감정과 관련되어 있다고 보거든요.

아니 그게 무슨 말이에요? 이해가 안 가요.

사람은 얼굴 표정을 통해 감정을 드러내잖아요? 아기가 잠을 자는 동안 뇌는 얼굴의 특정 근육을 통해 감정을 드러내는 법을 연습한다는 뜻이에요. 어떻게 보면 감정연습이라고 할 수 있죠.

수면시간과 유아기 발달 상황을 살펴본 논문에 따르면

잠이 부족하면 뚱뚱하고 감정 조절이 어려운 아이가 될 가능성이 높다고 해요.

낮잠도 중요하다고 그랬죠? 실제로 낮잠을 재우지 않았을 때 감정변화가 어떻게 되는지 보는 실험도 있어요.

낮잠을 재우지 않은 아기들은 (30~36개월) 행복한 그림을 봐도 덜 기뻐하고

안 좋은 그림에는 더 부정적으로 반응했죠.

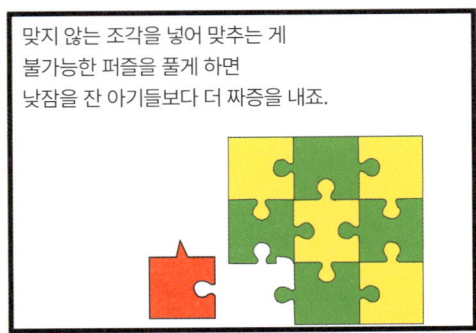

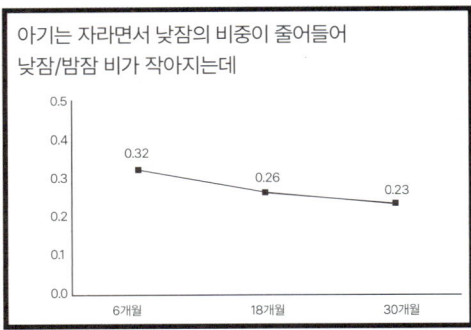
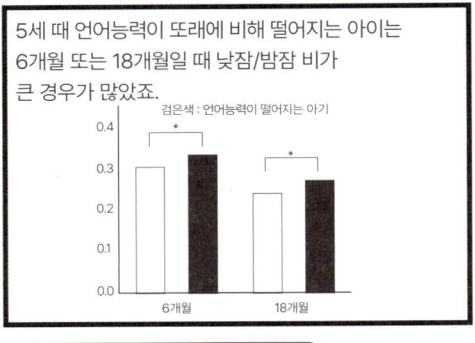

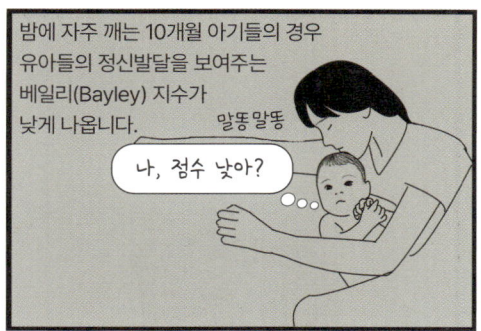
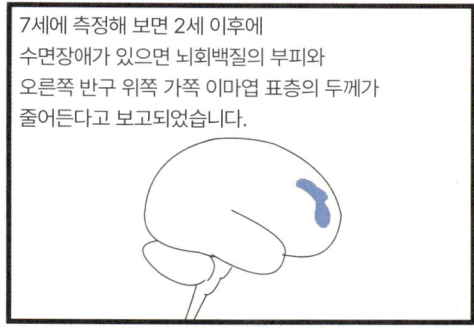
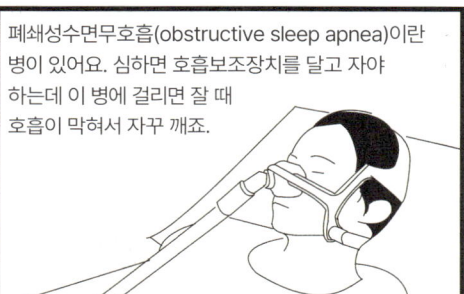
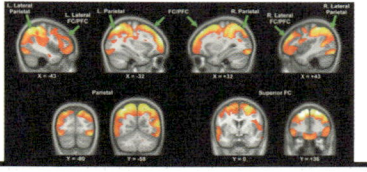

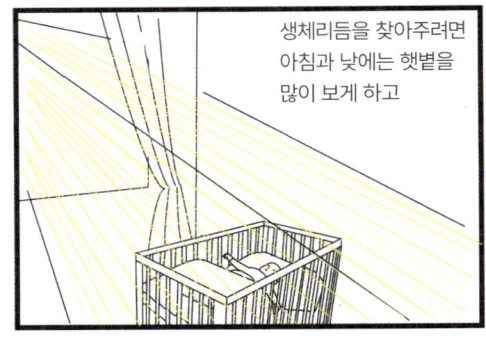

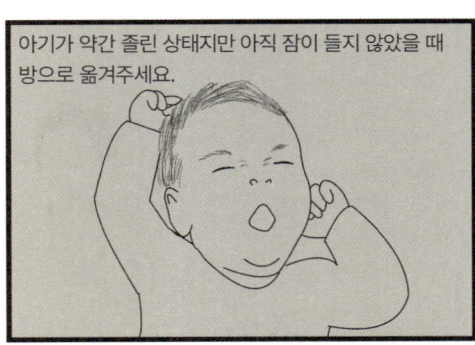

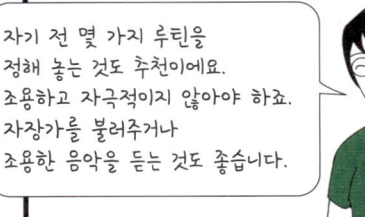

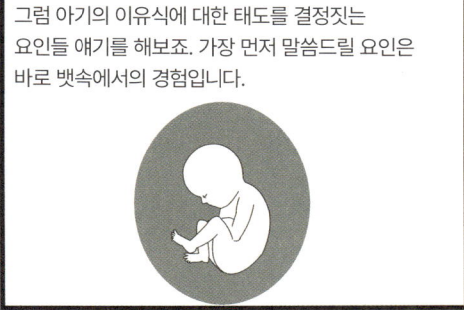

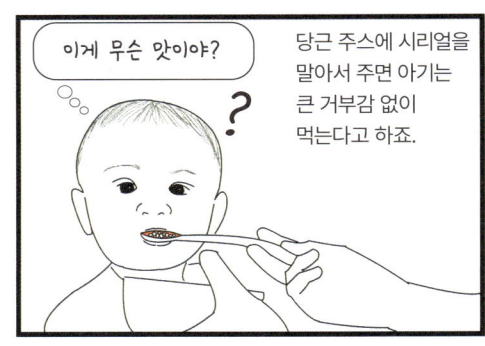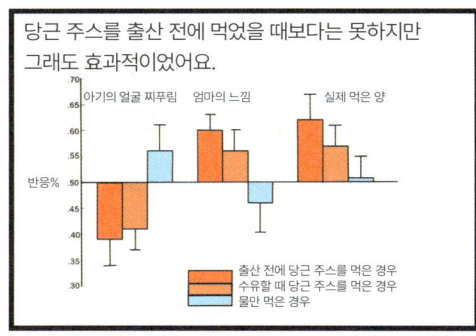

특정한 맛은 이미 사람의 유전자에 새겨져 있어요. 예를 들면 단맛. 아기들은 단맛에 본능적으로 끌리죠.

쓴맛은 정확하게 반대예요. 사람들은 쓴맛을 본능적으로 싫어합니다. 독과 연관되어 있다고 생각하고 안전하지 않다고 여기죠. 식물들은 이걸 이용해서 쓴맛이 나도록 합니다. 먹히지 않으려고요.

단맛이 나는 과일도 있지만

쌉싸름한 맛이 나는 채소들도 많죠.

보통 이유식은 4개월 정도부터 시작을 하는데 야채나 과일은 초기부터 첨가하라고들 하죠. 과일은 몰라도 단맛이 없는 야채를 먹는 것은 본능과 맞지 않는 일이긴 해요.

본능이 아니라면 결국 배워서 익혀야 한다는 건데...

사람들은 다 익숙한 맛을 선호하죠. 아기들도 마찬가지예요.

다 모르는 음식인데?

그런 면에서 모유를 먹는 아기들은 유리한 편이죠. 모유에 엄마가 먹은 음식 성분이 조금씩 포함되어 있어서 미리 경험할 수 있으니까요.

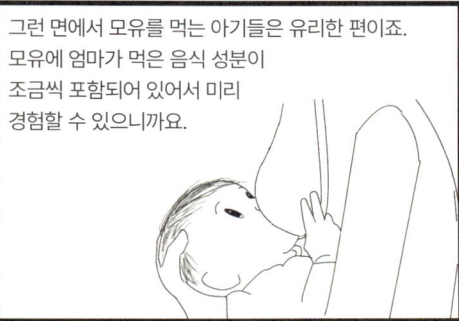

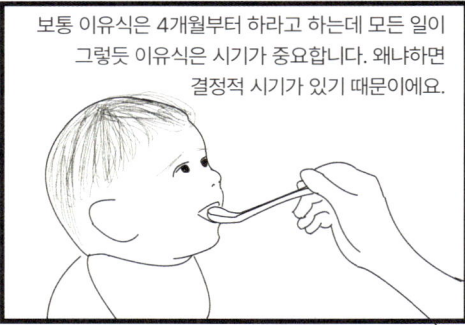
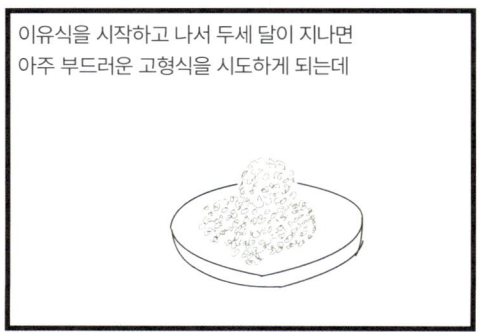

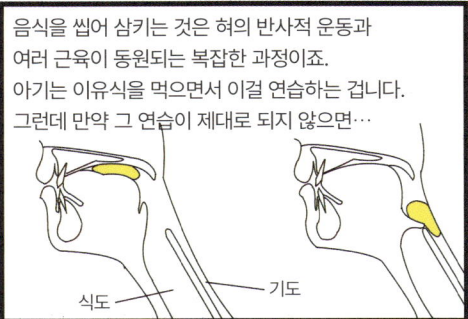

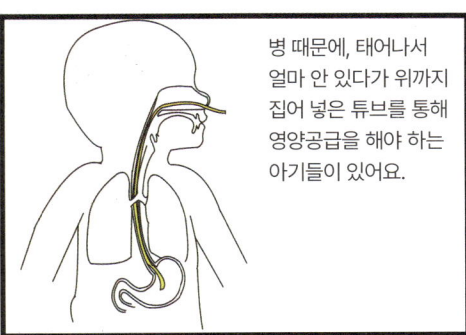

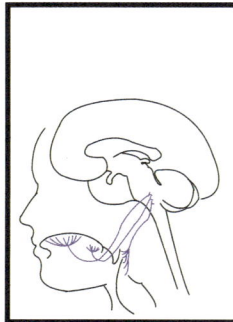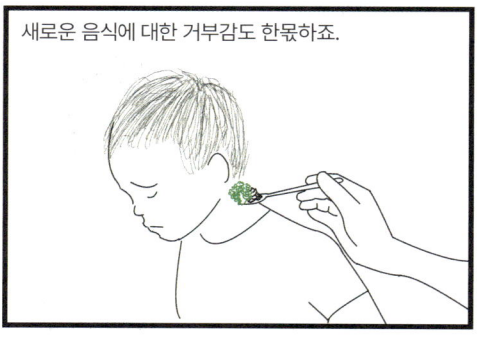

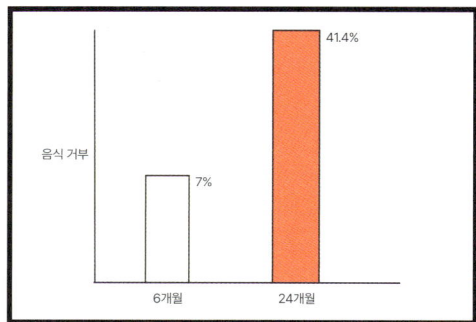

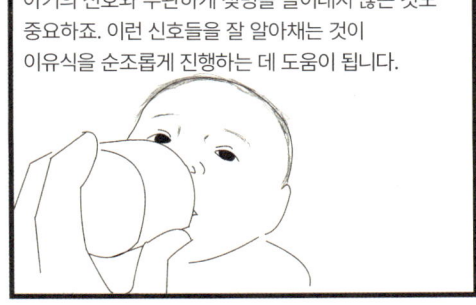

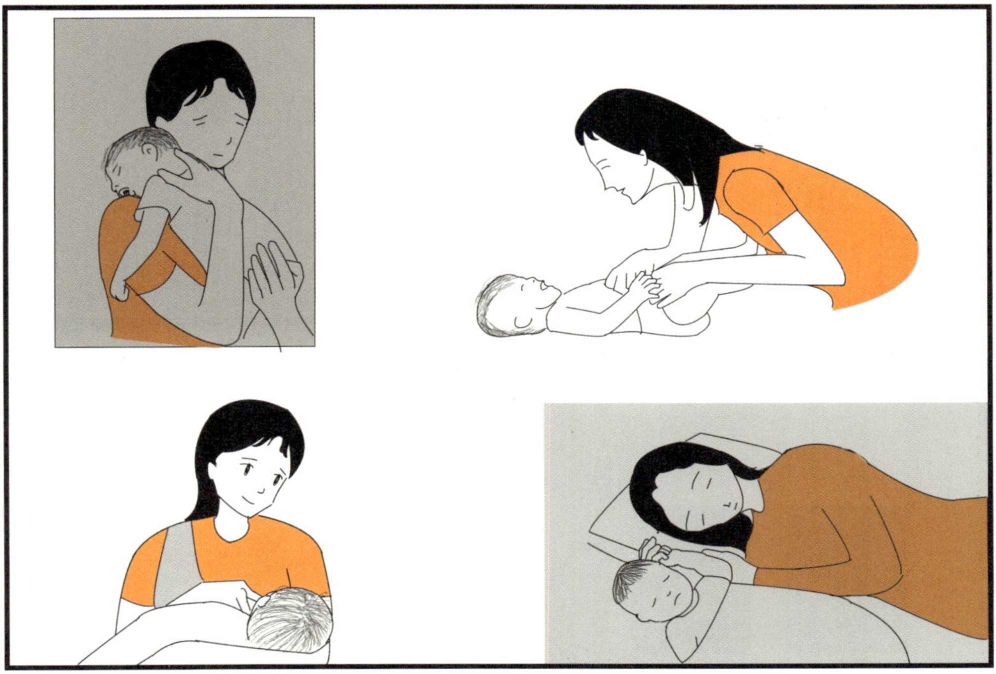

2022. 7. 4.

5개월 하고도 3일

오늘 수아가 뒤집었다.
몇 번을 시도하다 실패하고
낑낑대더니 그예 뒤집었다.
다행히 동영상을 찍고 있어서
오늘 뒤집기를 기록할 수 있었다.
방금 톡으로 남편에게 보냈다.
난리가 났다.

22 | 엄마 아빠랑 놀자

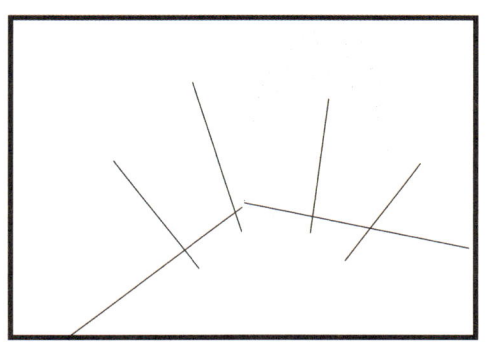
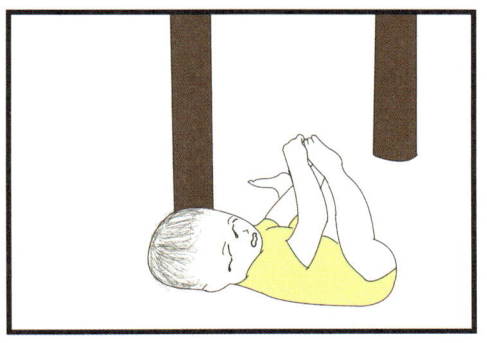

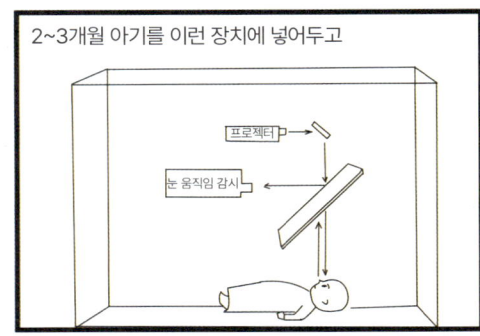

23 | 베이비 사인과 말 배우기

몇 가지 보기를 들자면…

먹을래요	마실래요	더 주세요	다 먹었어요
별	전등	잘래요	책
사랑해요	슬퍼요	무서워요	화났어요

"아니 저걸 다 어떻게 알아? 어디 교과서라도 있나? 다 외워야 하는 거야?"

"설마 그렇겠어? 정해진 건 없어. 아기들이 교과서를 보는 것도 아니고."

"수아가 원숭이 그림이나 사진을 보고 팔을 휘둘렀다고 했잖아?"

"다음에 원숭이 그림을 보고 수아가 또 그럴 때 당신도 똑같이 하면 그때부턴 그 포즈가 원숭이를 나타내는 게 되는 거지. 그러니까 베이비 사인은 결국 엄마와 아기가 서로 약속을 통해 만드는 거라고 할까?"

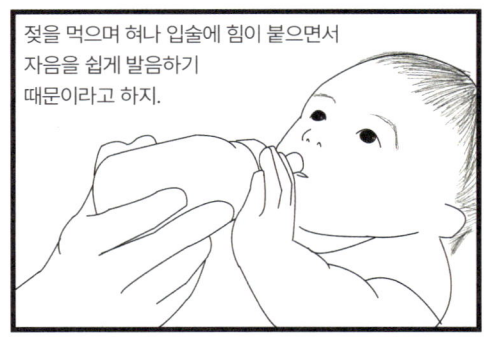

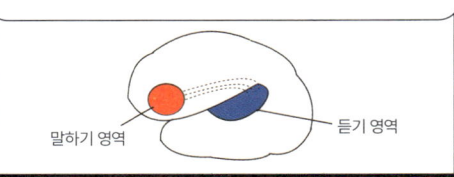

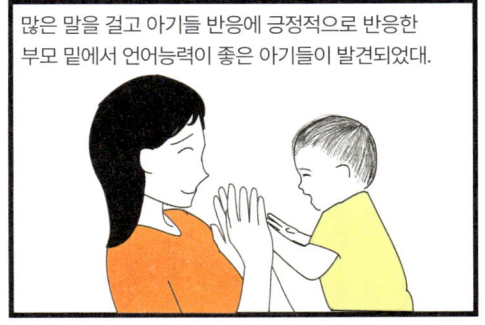

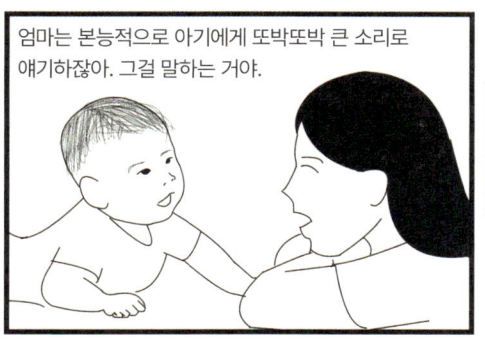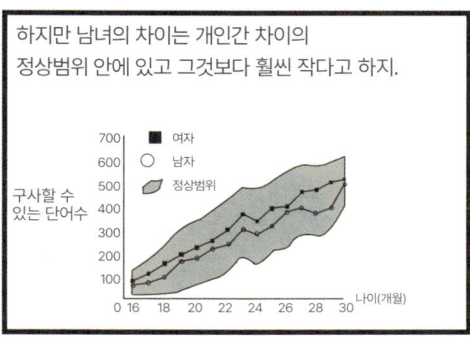

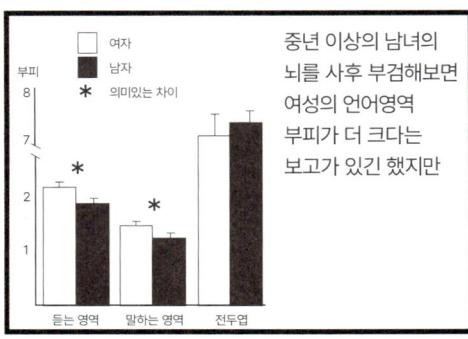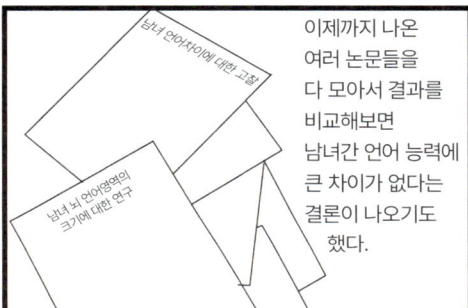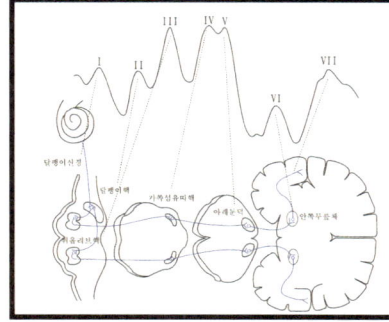

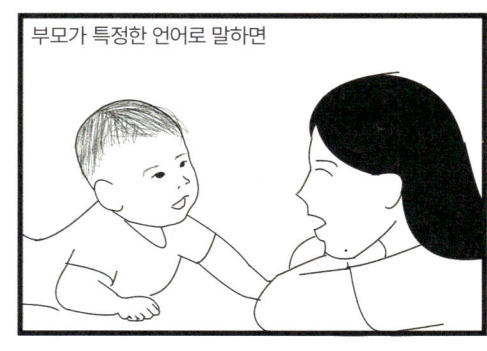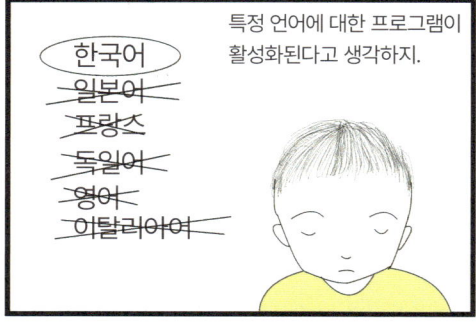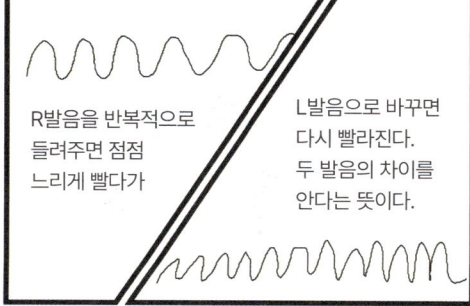

1980년대 미국의 첼시 케이스도 있어. 첼시는 청각장애가 있었지만 의사가 정상으로 판단하는 바람에 30대가 되어서야 장애가 있음을 알게 되었어. 치료를 해서 소리는 들을 수 있게 되었지만 말을 배울 수는 없었다고 해.

그런 얘기를 들으니 좀 성급한 생각이긴 한데… 수아에게 영어를 일찍 가르쳐야겠단 생각이 들어.

우리말도 못하는데 영어는… 당신도 참.. 왜 그러는지 이해는 하지만.

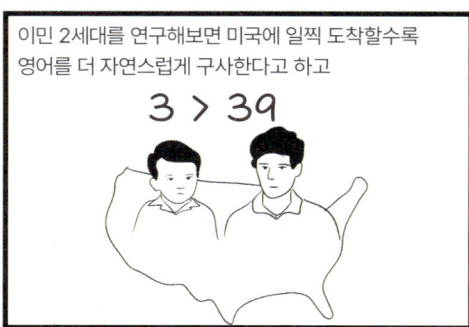

이민 2세대를 연구해보면 미국에 일찍 도착할수록 영어를 더 자연스럽게 구사한다고 하고

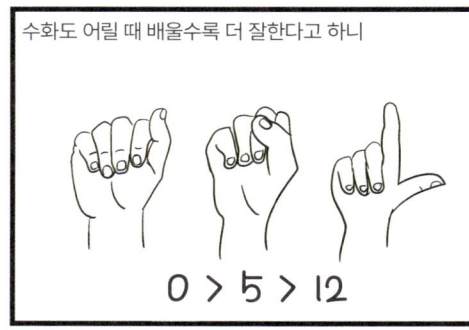

수화도 어릴 때 배울수록 더 잘한다고 하니

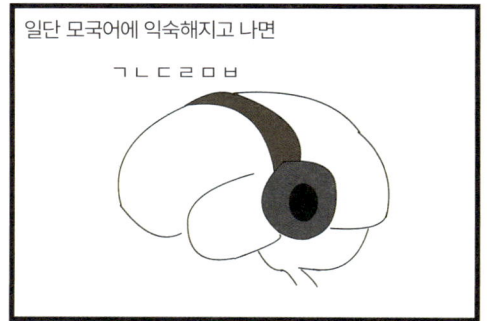

일단 모국어에 익숙해지고 나면

다른 언어를 배우기 힘들어지는 거지.

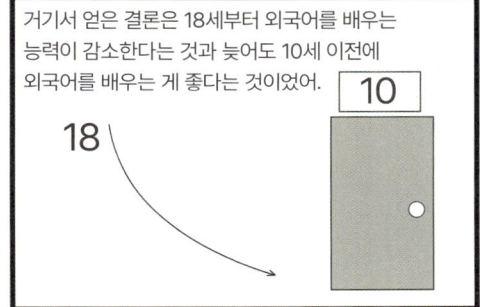

24 | 엄마가 제일 좋아

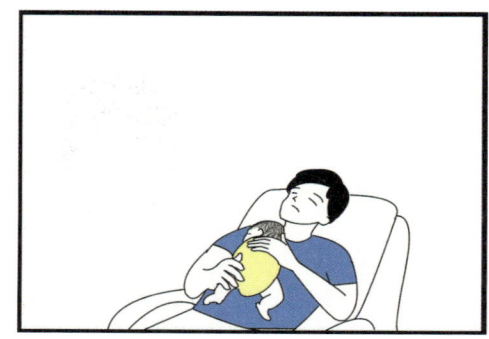

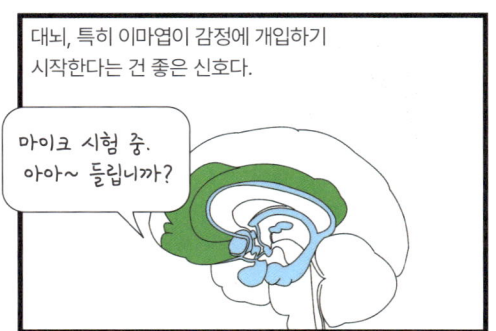

낯선 이와 함께 있을 때는 다소 긴장하다가도 엄마가 돌아오면 반갑게 다가서는 유형이 있는가 하면

엄마가 다시 왔을 때 처음에는 엄마를 반기다가도 금세 화를 내는 유형, 즉 반응이 일정하지 않은 유형도 있고

엄마가 와도 반기지 않고 멍한 표정을 짓거나 먼산을 보며 어딘가 혼란스런 표정을 보이는 경우도 있고

엄마가 떠나도 관심 없어 하고 돌아와도 무시하거나 피하는 유형도 있다.

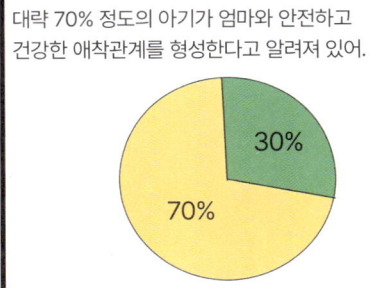
대략 70% 정도의 아기가 엄마와 안전하고 건강한 애착관계를 형성한다고 알려져 있어.

안전하지 않은 애착관계를 형성하는 데는 부모의 양육태도가 가장 큰 요인이라고 알려져 있지만

주 양육자인 엄마의 불안이나 우울

배우자의 폭력이나 가정불화도 큰 영향을 미치지.

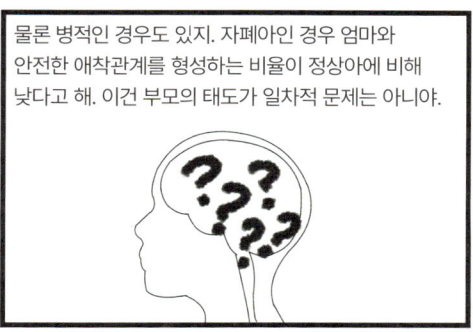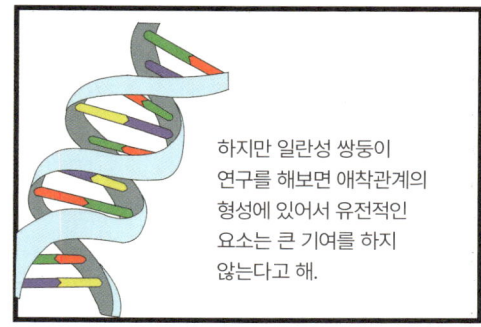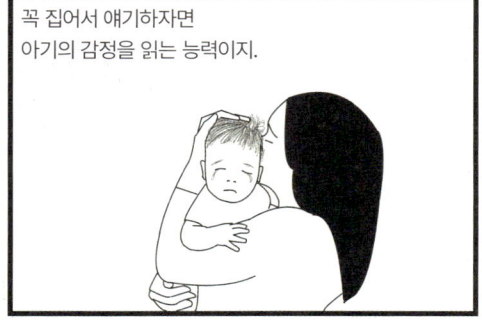

25 | 타고난 기질이 결정하는 것들

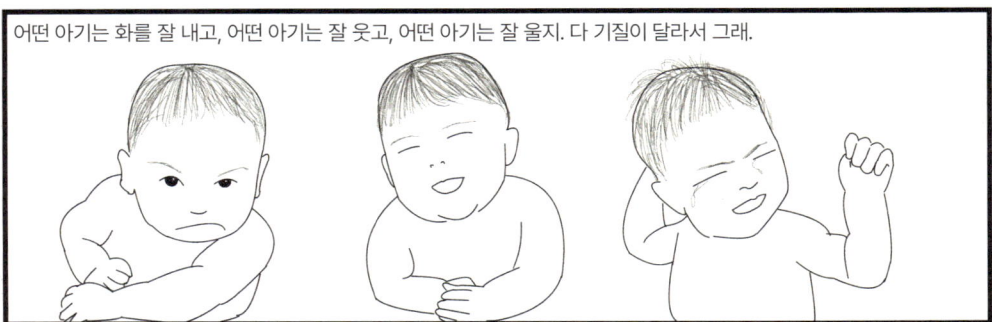

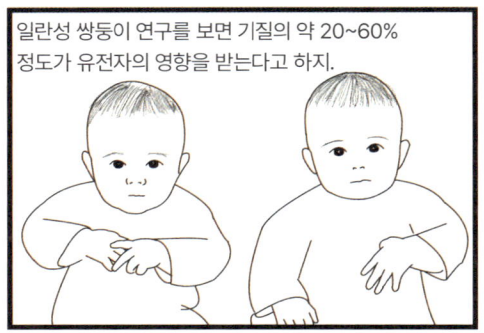

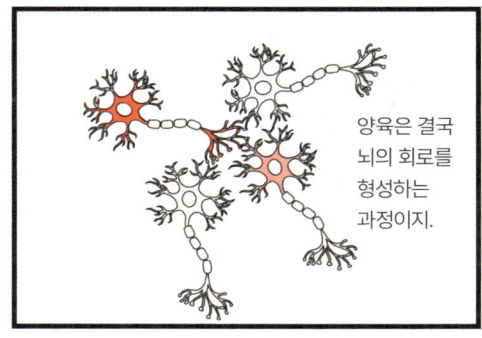

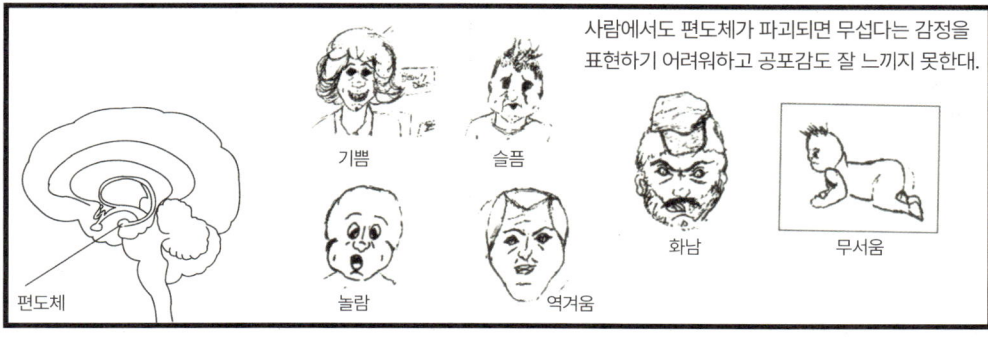

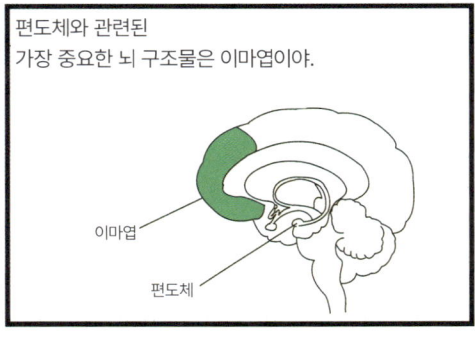

B.W.라는 소년이 있었어.

거짓말을 밥먹듯 하고 폭력적이었으며 6세 때 학교에 칼을 들고 가기도 했어. 7세 때는 결국 학교를 포기하고 집에서 홈스쿨링을 해야 했지.

매사 폭력적이었고 포르노에 탐닉했다고 하지.

집과 교회에 방화를 시도했고

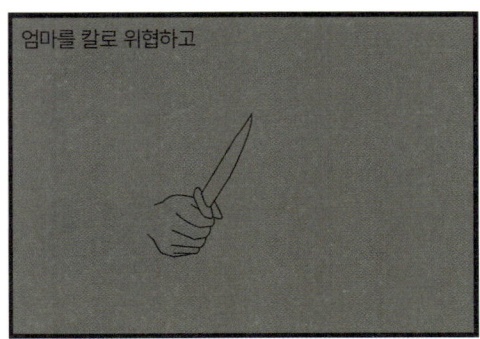
엄마를 칼로 위협하고

동생을 때리는 자신을 말리는 아빠를 망치로 때렸어.

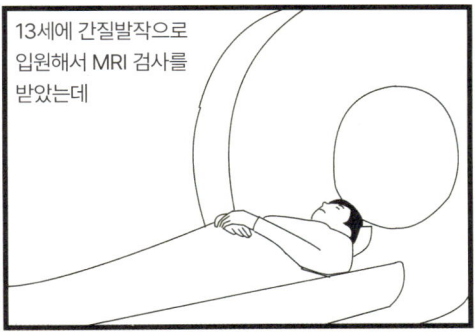
13세에 간질발작으로 입원해서 MRI 검사를 받았는데

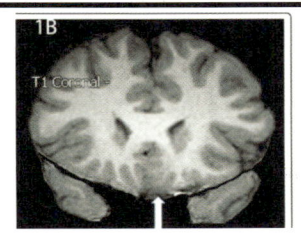
전전두엽 아래쪽에 아주 조그만 병변이 발견되었지. 선천적 이형성증이었어.

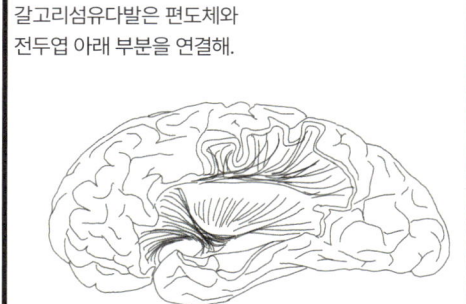
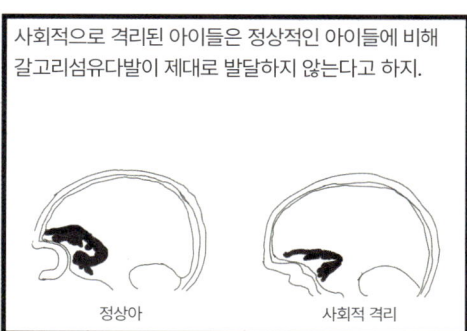

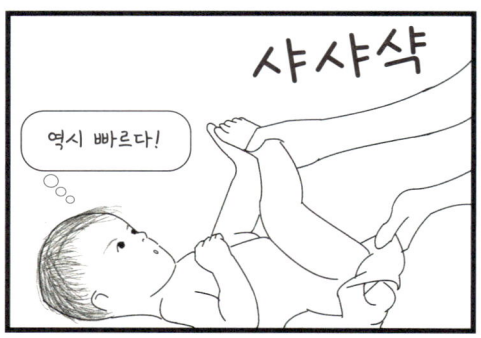

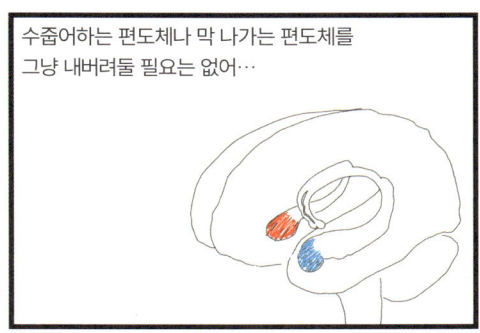

26 | 그게 그렇게 재미있니? — 아기들의 실험

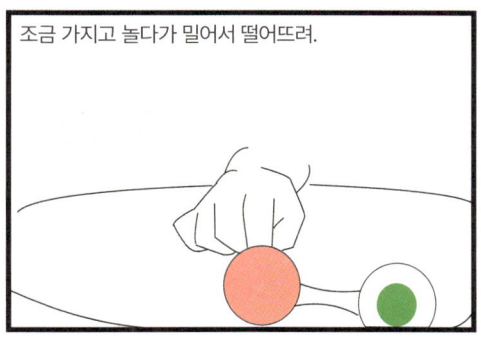
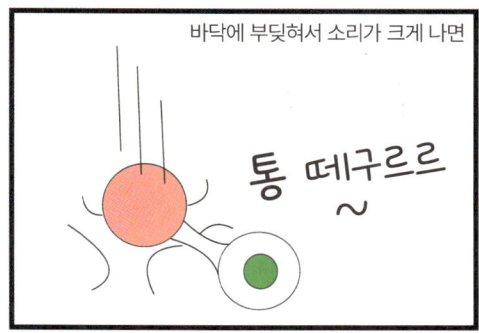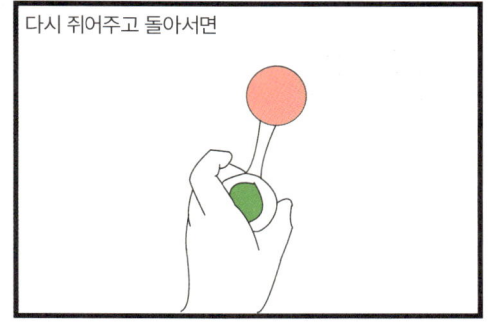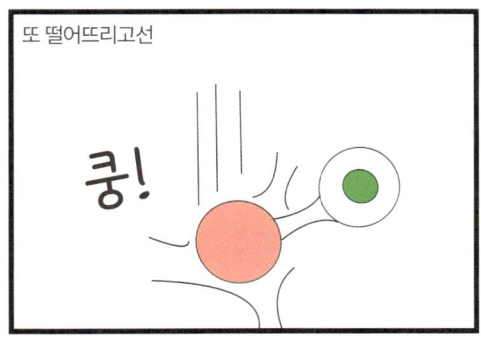

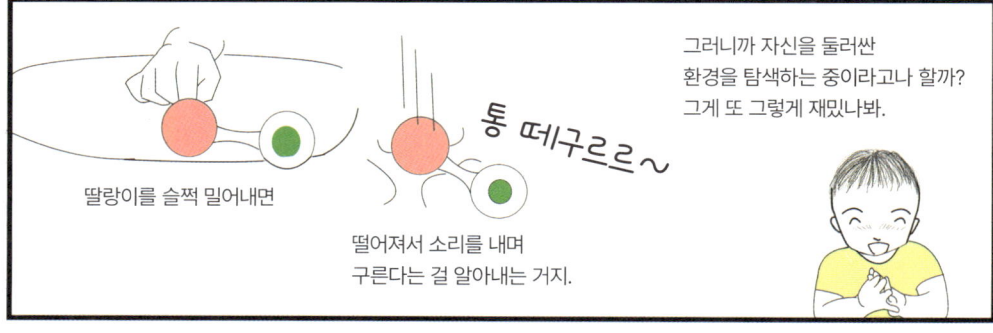

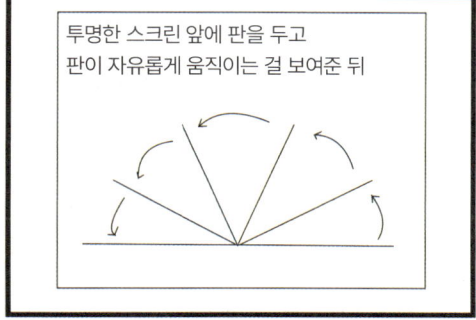
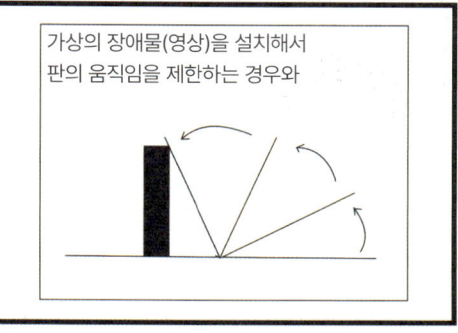

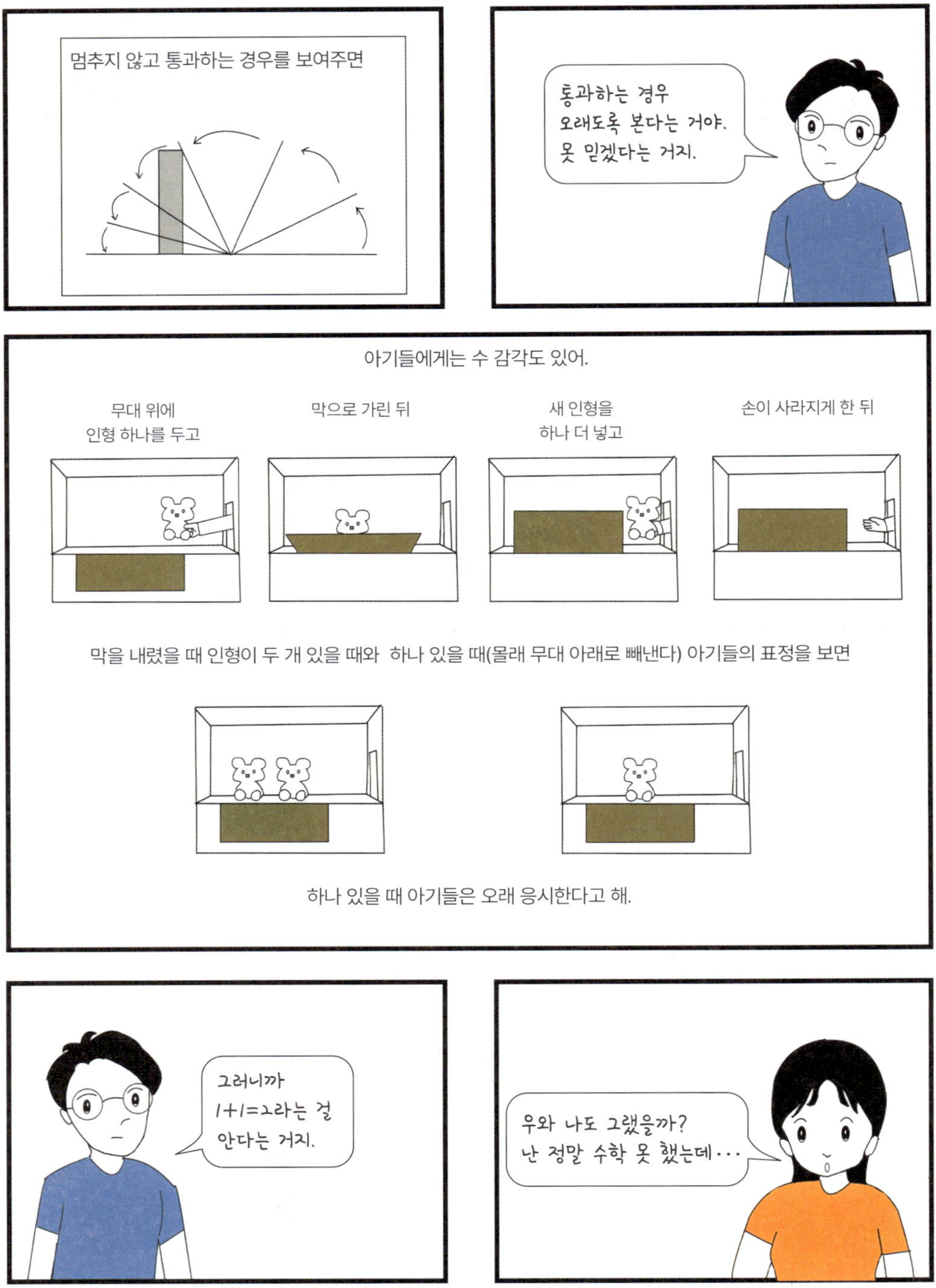

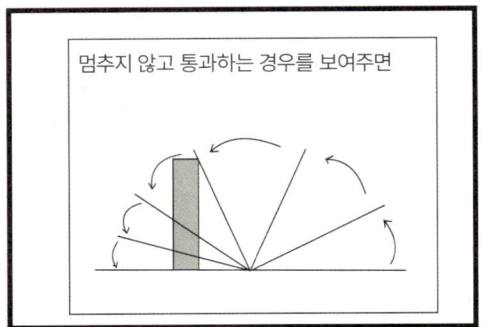

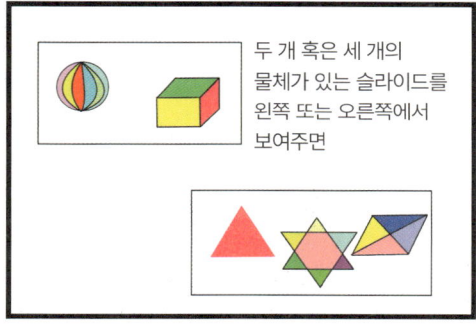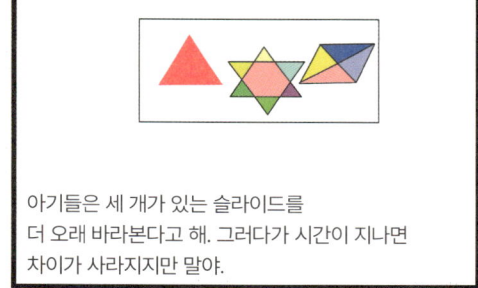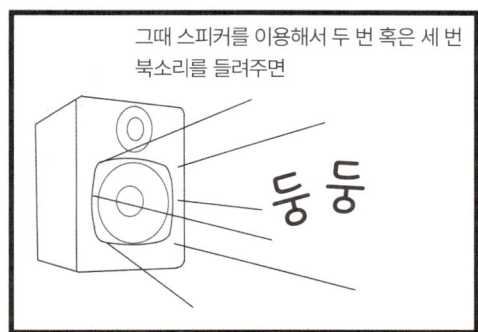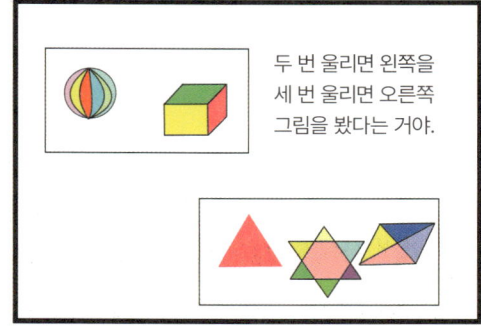

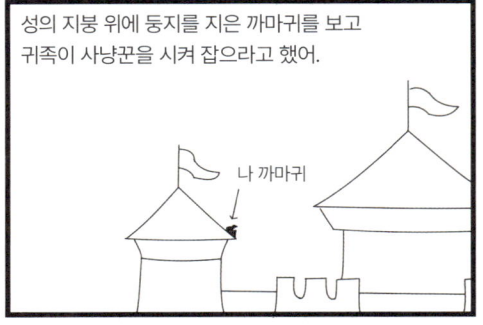

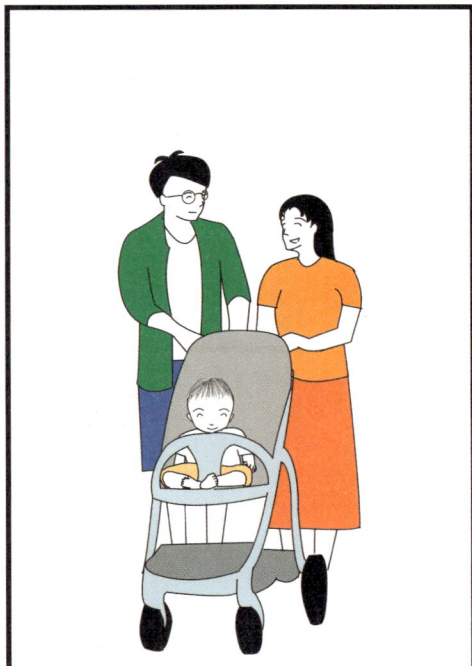

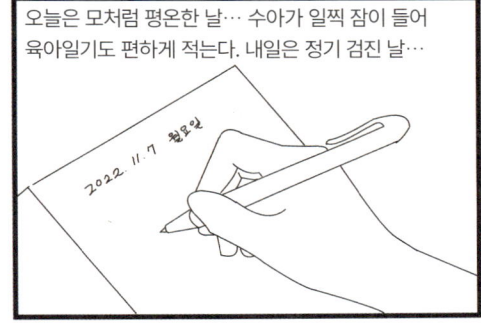

27 | 뱃속에서 놀던 거 기억나니? — 아기의 기억

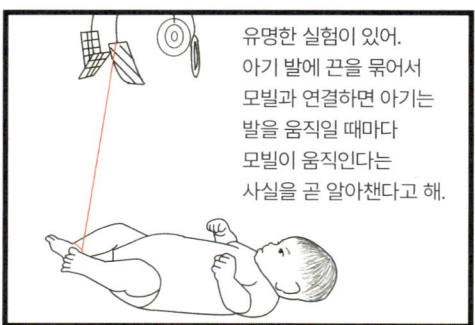
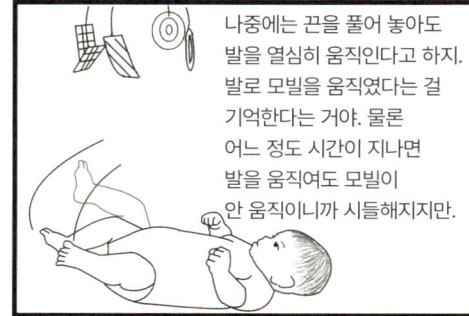

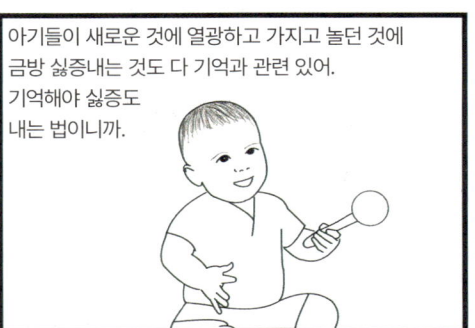

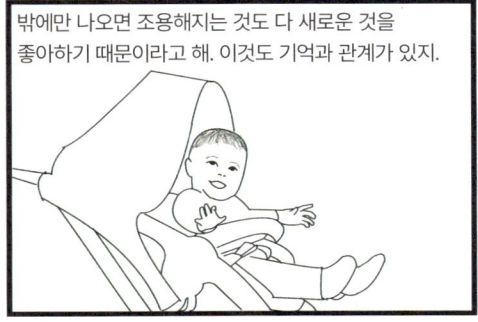

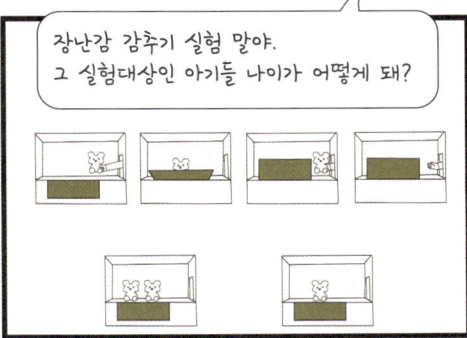

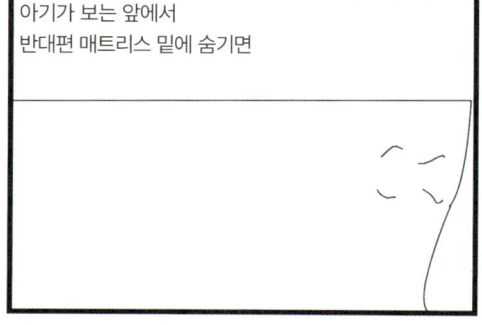

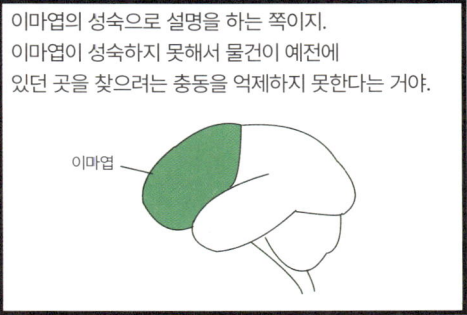

#
#
#
#

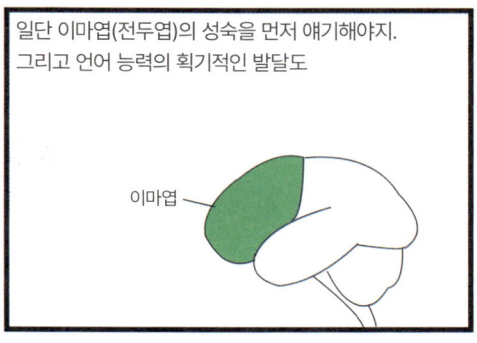

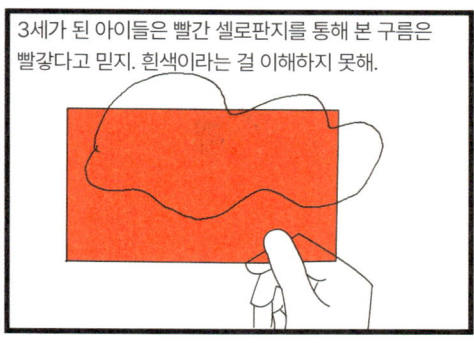

28 | 일찍 가르치면 빨리 배울까?

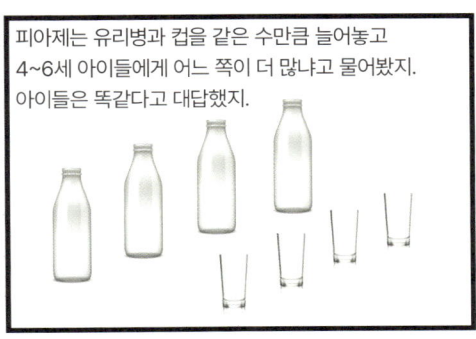

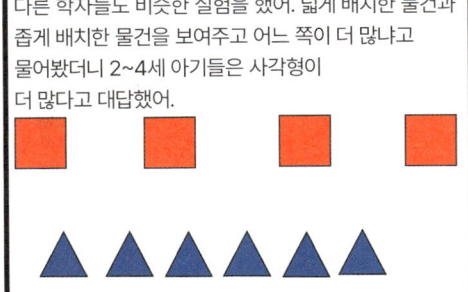
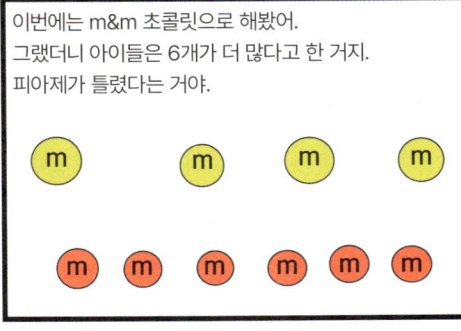

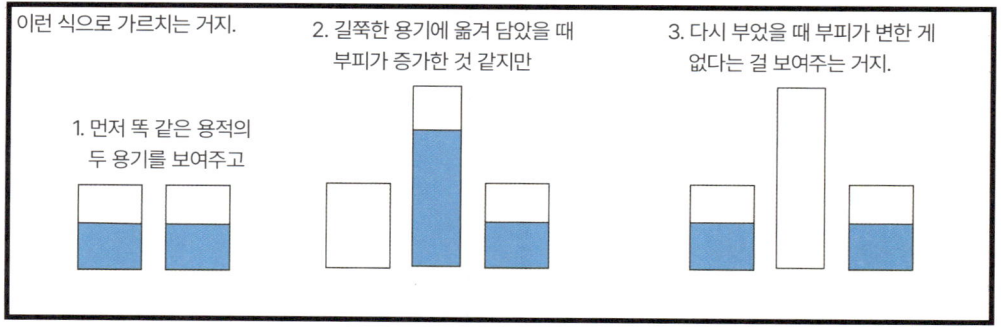

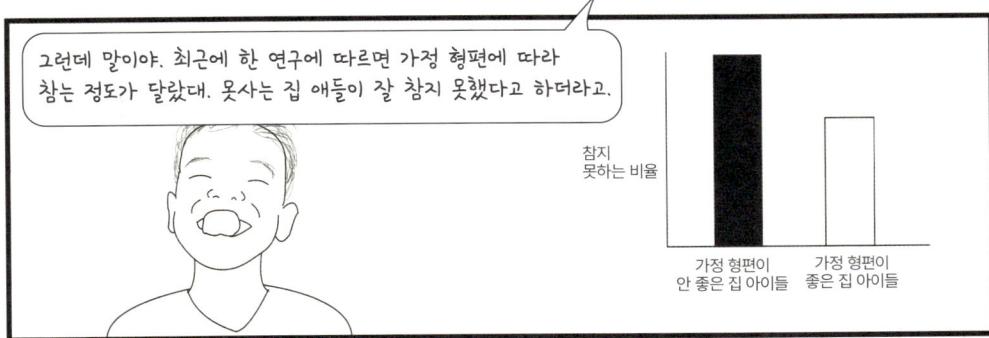

나도 얼마 전에 알았어. 당신이 그렇게 아는 것도 무리는 아니야. 마시멜로 이야기는 정말 다들 그렇게 잘못 알고 있는 경우가 많더라고.

그러니까... 마시멜로 얘기는 가정 환경이 중요한 요소라는 거지...

적절한 예가 될지는 모르지만 1966년 루마니아의 독재자였던 니콜라이 차우셰스쿠는 이렇게 선언했지.

앞으로 피임이나 낙태는 금지요. 위대한 조국 건설을 위한 일꾼이 부족해요.

그 결과 숱한 아이들이 국가가 운영하는 고아원으로 가게 되었지.

처음 맡겨질 때 대부분이 1개월 미만이었어. 하루 20시간 이상 침대에 방치된 채 누워 있었지.

아이들은 3년에 한 번씩 고아원을 옮겼대. 12세 이상 되어 부모를 도울 정도로 크면 집으로 돌아가기도 했지만 대부분은 거리를 집 삼아 살았어.

1989년 루마니아 혁명 이후에야 상황을 인식했고 바로잡으려고 노력했지만

이미 많은 아이들이 언어능력 상실, 낮은 IQ, 충동조절 장애, ADHD 등을 겪고 있었지.

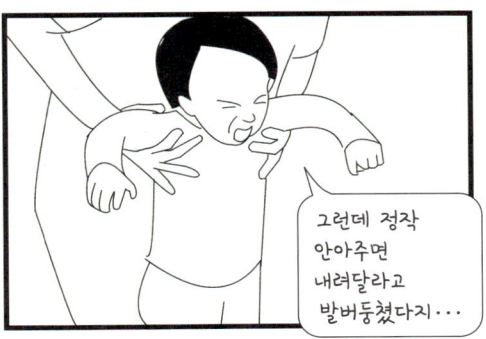

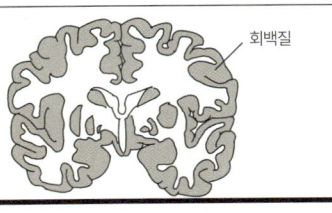

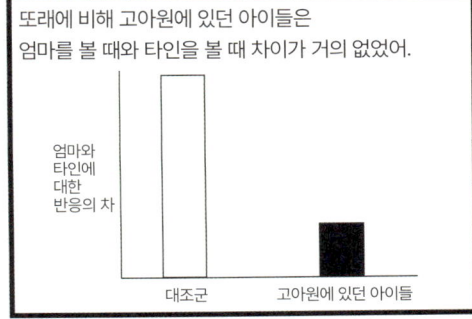

29 | 여자아이들은 정말 수학을 싫어할까?

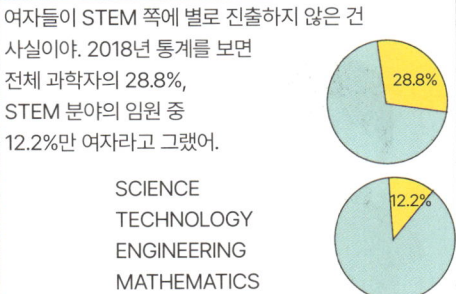

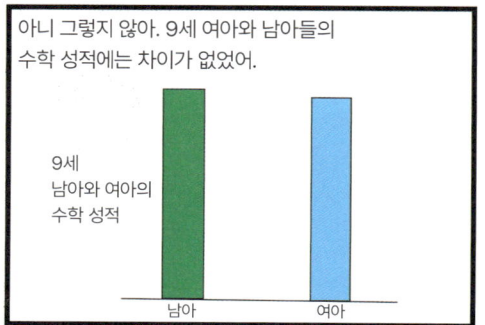

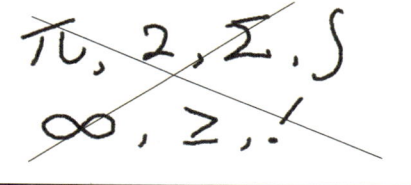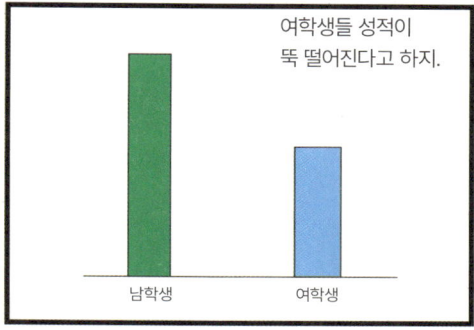

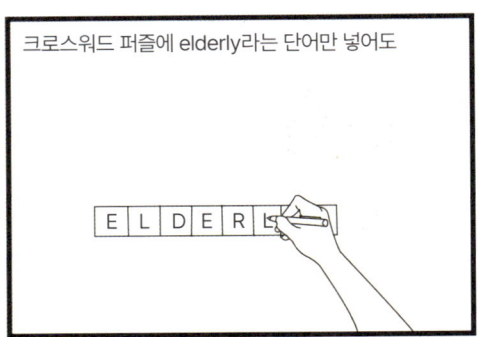

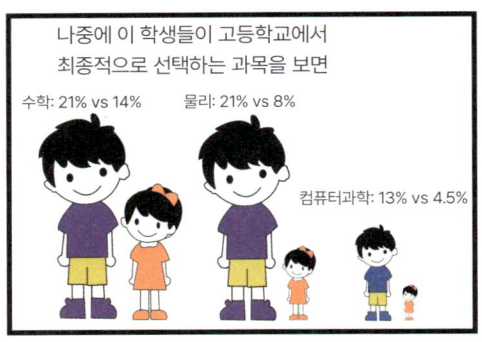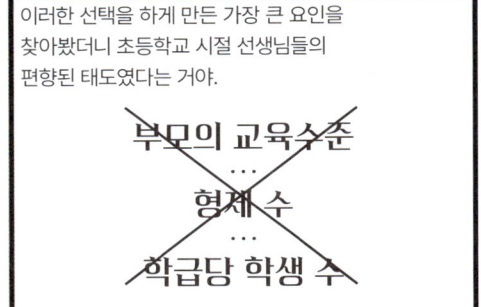

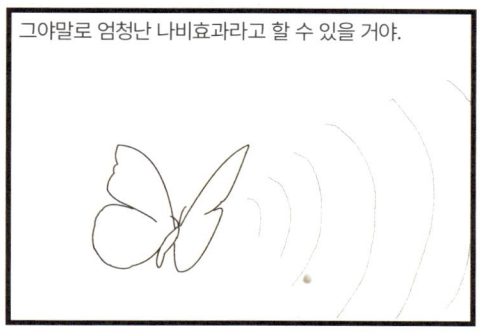

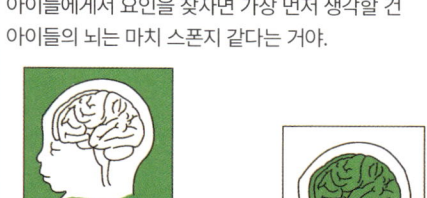

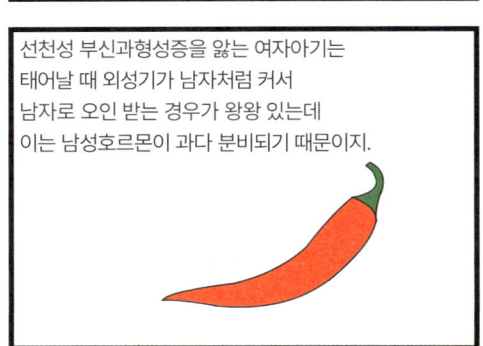

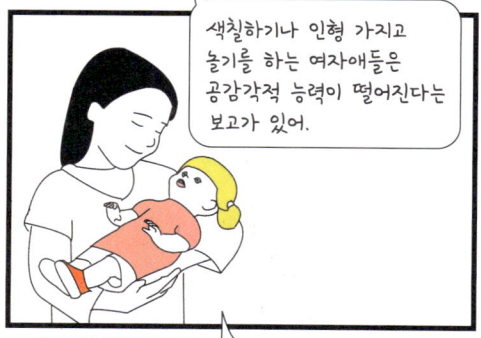

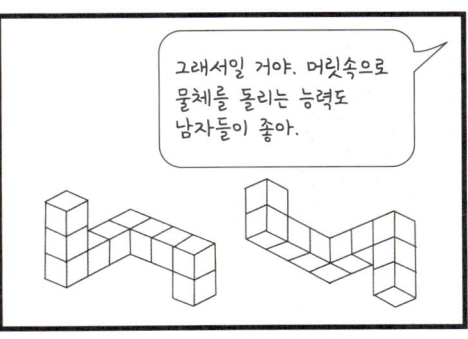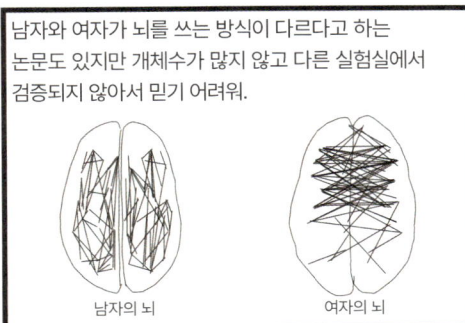

무슨 소리야.
우리 뇌가 어떤 곳인데···
그 일과 관련해서
아주 재밌는 실험이 있어.

택시 운전사들에게
런던 채링크로스
거리 주변 도로
약 25000곳을
외우게 했더니.

해마 뒤쪽 회백질이 증가하더라는 거야.
실패한 친구들에서는 관찰하지 못했고

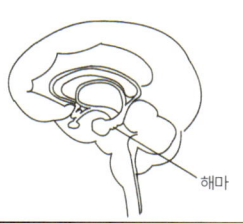

해마

한 주에 한 시간 반 정도
테트리스를 3개월 동안
여자아이들에게 시켰더니
공간감을 담당하는
대뇌피질의 증가가 있었다는
보고가 있고

슈퍼 마리오 게임을 하루 30분씩 2개월 시켰더니
뇌의 변화가 왔다는 보고도 있고

종이접기를 훈련시켰더니 머릿속으로
물체를 회전시키는 능력이 좋아졌다는 보고도 있지.

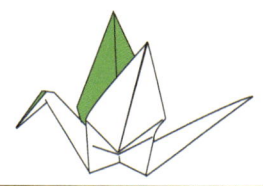

수아에게 시킬 수는 있지만
에고 그건 게임이라···
계속 하겠다면
어떻게 말리지··· 걱정이네.

뭐 벌써 걱정을···
나도 좀 그렇긴 하지만
어쨌든 그런 게임도 무작정
말릴 일은 아닌가봐.

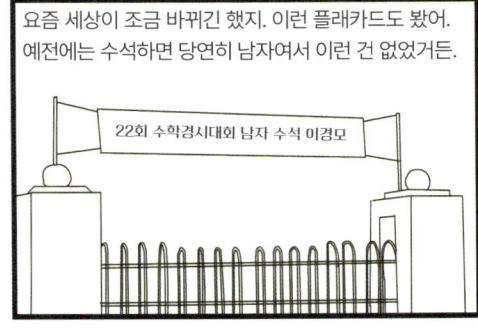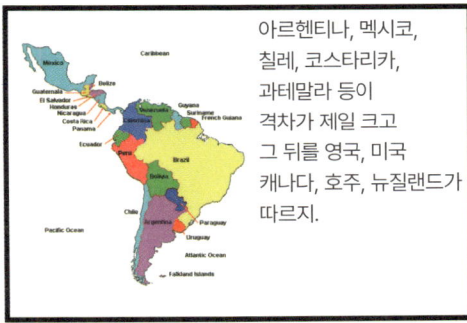

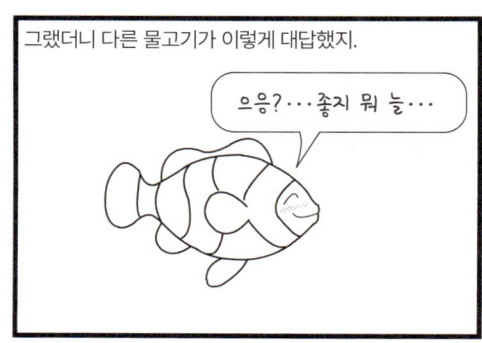

30 | 아이는 부모를 보고 자란다

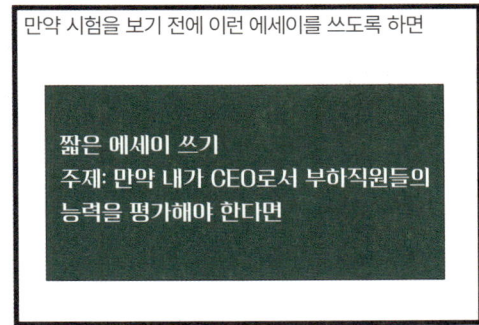

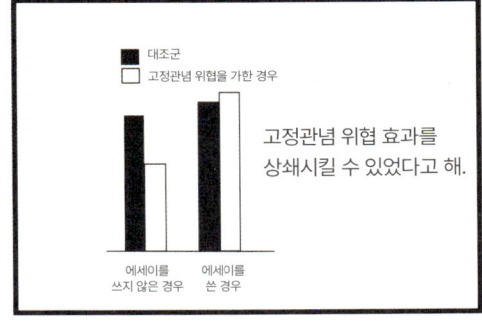

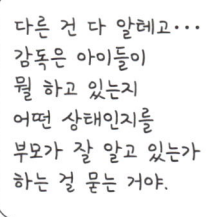

참고문헌

1 · Langman's Medical Embryology 14th Edition. T. W. Sadler Wolters Kluwer Publishing
2 · A Child is Born. 14th Edition. Lennart Nilsson, Lars Hamberger. A Merloyd Lawrence Book/ Delacorte Press
3 · 인체발생학: The developing human (Clinically Oriented Embryology) Keithe L. Moore, T. V. N. Persaud, Mark G. Torchia 대한체질인류학회
4 · 우리 아이 머리에선 무슨 일이 일어나고 있을까? 리즈 엘리엇 지음/안승철 옮김, 궁리
5 · Sensation and Perception. 9th Edition. E. Bruce Goldstein. Wadsworth Cengage Learning
6 · 발달심리학 제 6판. David R. Shaffer. 송길연, 장유경, 이지연, 정윤경 역, 시그마프레스
7 · 인지심리학 Robert J. Sternberg, Karin Sternberg. 신현정 옮김, 박학사
8 · Baby Minds: Brain-building games your baby will love. Linda Acredolo, Susan Goodwyn. A Bantam Book.
9 · 만화로 보는 의대신경학 강의, 안승철, 뿌리와이파리
10 · 아이들은 왜 수학을 어려워할까?, 안승철, 궁리
11 · Gender and Our Brains. How new Neuroscience Explodes the Myths of the Male and Female Minds. Gina Rippon. Vintage Books.
12 · 태아성장보고서, KBS 첨단보고 뇌과학 제작팀, 마더북스

주제별 참고자료

청각반응 검사

1 · 임현우 · 한명월 · 이효숙 · 김기수 · 정종우 · 김영진 · 안중호 · 이광선 · 윤태현. 2단계 자동화 청성 뇌간 반응 검사를 이용한 신생아 청력선별검사의 결과 : 서울아산병원의 경험. Korean J. Otolaryngol. 2007; 50: 108-14.

2 · SungHwa Hong. Automated Auditory Brainstem Response(AABR) for Universal Newborn Hearing Screening. Korean J. Audiol 2002; 6(1): 18-22.

음식과 발달, 후성 유전학(아구티 생쥐)

3 · Craig A. Cooney, Apurva A. Dave, George L. Wolff. Maternal Methyl Supplements in Mice Affect Epigenetic Variation and DNA Methylation of Offspring. J. Nutr. 2002; 132: 2393S-2400S.

4 · Dana C. Dolinoy. The agouti mouse model: an epigenetic biosensor for nutritional and environmental alterations on the fetal epigenome. Nutr Rev. 2008 August; 66(Suppl 1): S7-11.

5 · Susanne R. De Rooij, Laura S. Blekera, Rebecca C. Painter, Anita C. Ravelli, Tessa J. Roseboom. Lessons learned from 25 Years of Research into Long term Consequences of Prenatal Exposure to the Dutch famine 1944-45: The Dutch famine Birth Cohort. Int. J. Environ. Health Res. 2022; 32(7): 1432-1446.

태아의 통증

6 · Stuart W. G. Derbyshire, John C. Bockmann. Reconsidering fetal pain. J. Med. Ethics 2020; 46: 3-6.
7 · Laurence E. Ring, Yehuda Ginosar. Anesthesia for Fetal Surgery and Fetal Procedures. Clin. Perinatol. 2019; 46(4): 801-16.
8 · Lindsey Konkel. The Brain before Birth: Using fMRI to Explore the Secrets of Fetal Neurodevelopment. Environmental Health Perspectives. 2018; 126(11): 112001-1-5.

태아의 뇌발달

9 · Christopher D. Smyser, Terrie E. Inder, Joshua S. Shimony, Jason E. Hill, Andrew J. Degnan, Abraham Z. Snyder, Jeffrey J. Neil. Longitudinal Analysis of Neural Network Development in Preterm Infants. Cerebral Cortex 2010; 20: 2852-2862.
10 · Moriah E. Thomason, Maya T. Dassanayake, Stephen Shen, Yashwanth Katkuri, Mitchell Alexis, Amy L. Anderson, Lami Yeo, Swati Mody, Edgar Hernandez-Andrade, Sonia S. Hassan, Colin Studholme, Jeong-Won Jeong, Roberto Romero. Cross-Hemispheric Functional Connectivity in the Human Fetal Brain Sci. Transl. Med. 2013; 20; 5(173).
11 · Moriah E. Thomason, Dustin Scheinost, Janessa H. Manning, Lauren E. Grove, Jasmine Hect, Narcis Marshall, Edgar Hernandez-Andrade, Susan Berman, Athina Pappas, Lami Yeo, Sonia S. Hassan, R. Todd Constable, Laura R. Ment & Roberto Romero. Weak functional connectivity in the human fetal brain prior to preterm birth. Scientific Reports 2017; 7: 39286.

조산아와 관련된 제문제

12 · Laura R Ment, Bradley S. Peterson, Betty Vohr, Walter Allan, Karen C. Schneider, Cheryl Lacadie, Karol H. Katz, Jill Maller-Kesselman, Kenneth Pugh, Charles C. Duncan,

Robert W. Makuch, R. Todd Constable. CORTICAL RECRUITMENT PATTERNS IN CHILDREN BORN PREMATURELY COMPARED WITH CONTROL SUBJECTS DURING A PASSIVE LISTENING FUNCTIONAL MAGNETIC RESONANCE IMAGING TASK. J Pediatr 2006; 149: 490-8.

13 · Verena E. Pritchard, Caron A. C. Clark, Kathleen Liberty, Patricia R. Champion, Kimberley Wilson, Lianne J. Woodward. Early school-based learning difficulties in children born very preterm. Early Hum. Dev. 2009; 85(4): 215-24.

14 · M. Cherkes-Julkowski. Learning Disability, Attention-Deficit Disorder, and Language Impairment as Outcomes of Prematurity: A Longitudinal Descriptive Study. J Learn Disabil. 1998; 31(3): 294-306.

15 · Maureen Hack, Daniel J. Flannery, Mark Schluchter, Lydia Cartar, Elaine Borawski, Nancy Klein. Outcomes in young adulthood for very-low-birth-weight infants. N. Engl. J. Med. 2002; 346(3): 149-57.

16 · Saroj Saigal, Barbara Stoskopf, David Streiner, Michael Boyle, Janet Pinelli, Nigel Paneth, John Goddeeris. Transition of extremely low-birth-weight infants from adolescence to young adulthood: comparison with normal birth-weight controls. JAMA. 2006; 295(6): 667-75.

17 · Thuy Mai Luu, Betty R. Vohr, Walter Allan, Karen C. Schneider, Laura R. Ment. Evidence for catch-up in cognition and receptive vocabulary among adolescents born very preterm. Pediatrics. 2011; 128(2): 313-22.

18 · https://www.ksog.org/public/index.php?sub=1&third=2 태아산전진단 (대한산부인과학회).

임산부와 음식

19 · https://mothertobaby.org/

20 · Hansol Choi, Seul Koo, Hyun-Young Park. Maternal coffee intake and the risk of bleeding in early pregnancy: a crosssectional analysis. BMC Pregnancy and Childbirth (2020); 20: 121.

21 · Amy Peacock, Delyse Hutchinson, Judy Wilson, Clare McCormack, Raimondo Bruno, Craig A Olsson, Steve Allsop, Elizabeth Elliott, Lucinda Burns, Richard P Mattick. Adherence to the Caffeine Intake Guideline during Pregnancy and Birth Outcomes: A Prospective Cohort Study. Nutrients 2018 Mar 7; 10(3): 319.

산전 스트레스

22 · J. P. Relier. Influence of Maternal Stress on Fetal Behavior and Brain Development. Biol Neonate 2001; 79: 168 – 171.

23 · Xu Xiong, Emily W. Harville, Donald R. Mattison, Karen Elkind-Hirsch, Gabriella Pridjian, Pierre Buekens. Exposure to Hurricane Katrina, Post-traumatic Stress Disorder and Birth Outcomes. Am. J. Med. Sci. 2008; 336(2): 111 – 115.

24 · Krisztina D László, Xiao Qin Liu, Tobias Svensson, Anna-Karin Wikström, Jiong Li, Jørn Olsen, Carsten Obel, Mogens Vestergaard, Sven Cnattingius. Psychosocial Stress Related to the Loss of a Close Relative the Year Before or During Pregnancy and Risk of Preeclampsia. Hypertension 2013; 62: 183-189.

25 · Janet A. DiPietro, Kathleen A. Costigan, Edith D. Gurewitsch. Fetal response to induced maternal stress. Early Human Development 2003; 74: 125 – 138.

26 · M. Lobel, C. Dunkel-Schetter, S. C. Scrimshaw. Prenatal Maternal Stress and Prematurity – a Prospective-Study of Socioeconomically Disadvantaged Women. Health Psychology 1992; 11(1): 32-40.

27 · Dorthe Hansen Precht, Per Kragh Andersen, Jørn Olsen. Severe life events and impaired fetal growth: a nation-wide study with complete follow-up. Acta Obstetricia et Gynecologica 2007; 86(3): 266-75.

28 · Amber E. Solivan, Xu Xiong, Emily W. Harville, Pierre Buekens. Measurement of Perceived Stress Among Pregnant Women: A Comparison of Two Different Instruments. Matern Child Health J. 2015 Sep; 19(9): 1910 – 1915.

29 · P. Sreeja Gangadharan, S. P. K. Jena. Development of Perceived Prenatal Maternal Stress Scale. Indian J Public Health. 2019; 63(3): 209-214.

30 · Veerle Bergink, Libbe Kooistra, Mijke P. Lambregtse-van den Berg, Henny Wijnen, Robertas Bunevicius, Anneloes van Baar, Victor Pop. Validation of the Edinburgh Depression Scale during pregnancy. J Psychosom Res. 2011; 70(4): 385-9.

31 · P. J. Feldman, C. Dunkel-Schetter, C. A. Sandman, P. D. Wadhwa. Maternal Social Support Predicts Birth Weight and Fetal Growth in Human Pregnancy. Psychosom Med. 2000; 62(5): 715-25.

32 · Shamanthakamani Narendran, Raghuram Nagarathna, Vivek Narendran, Sulochana Gunasheela, Hongasandra Rama Rao Nagendra. Efficacy of Yoga on Pregnancy Outcome. J Altern Complement Med. 2005; 11(2): 237-44.

33 · Calvin J. Hobel, Amy Goldstein, Emily S. Barrett. Psychosocial Stress and Pregnancy Outcome. Clin Obstet Gynecol. 2008; 51(2): 333-48.

산후 우울증

34 · Liselott Andersson, Inger Sundström-Poromaa, Marianne Wulff, Monica Aström, Marie Bixo. Neonatal Outcome following Maternal Antenatal Depression and Anxiety: A Population-based Study. Am. J. Epidemiol. 2004; 159(9): 872-81.

35 · Nancy K. Grote, Jeffrey A. Bridge, Amelia R. Gavin, Jennifer L. Melville, Satish Iyengar, Wayne J. Katon. A Meta-analysis of Depression During Pregnancy and the Risk of Preterm Birth, Low Birth Weight and Intrauterine Growth Restriction. Arch. Gen. Psychiatry. 2010; 67(10): 1012-1024.

36 · Cláudia Castro Dias, Bárbara Figueiredo. Breastfeeding and depression: A systematic review of the literature. J Affect Disord. 2015 Jan 15; 171: 142-54.

37 · R. Graignic-Philippe, J. Dayan, S. Chokron, A-Y Jacquet, S. Tordjman. Effects of prenatal stress on fetal and child development: A critical literature review. Neurosci. Biobehav. Rev. 2014; 43: 137-62.

38 · S. Gentile. Untreated depresssion during pregnancy: Short- and Long-term effects in offspring. A systemic review. Neuroscience. 2017 Feb 7; 342: 154-166.

39 · Teri Pearlstein. Depression during Pregnancy. Best Pract. Res. Clin. Obstet. Gynaecol.

2015; 29(5): 754-64.

40 · Tobias Hebel, Martin Schecklmann, Berthold Langguth. Transcranial magnetic stimulation in the treatment of depression during pregnancy: a review. Arch. Womens Ment. Health. 2020 Aug; 23(4): 469-478.

분만 마취

41 · R. Scherer, W. Holzgreve. Influence of epidural analgesia on fetal and neonatal well-being. Eur. J. Obstet. Gynecol. Reprod. Biol. 1995 May; 59 Suppl: S17-29.

42 · Felicity Reynolds. The effects of maternal labour analgesia on the fetus. Best. Pract. Res. Clin. Obstet. Gynaecol. 2010 Jun; 24(3): 289-302.

43 · Yaakov Beilin, Carol A Bodian, Jane Weiser, Sabera Hossain, Ittamar Arnold, Dennis E. Feierman, Gregory Martin, Ian Holzman. Effect of Labor Epidural Analgesia with and without Fentanyl on Infant Breast-feeding A Prospective, Randomized, Double-blind Study. Anesthesiology 2005; 103: 1211–7.

44 · Sue Jordan, Simon Emery, Ceri Bradshaw, Alan Watkins, Wendy Friswell. The impact of intrapartum analgesia on infant feeding. BJOG. 2005 Jul; 112(7): 927-34.

45 · Aimee McCreedy, Sumedha Bird, Lucy J. Brown, James Shaw-Stewart, Yen-Fu Chen. Effects of maternal caffeine consumption on the breastfed child: a systematic review. Swiss Med. Wkly. 2018 Sep 28; 148: w14665.

46 · Cláudia Castro Dias, Bárbara Figueiredo. Breastfeeding and depression: A systematic review of the literature. J. Affect. Disord. 2015 Jan 15; 171: 142-54.

신생아 모방

47 · Cecilia Heyes. Imitation: Not in Our Genes. Curr. Biol. 2016 May 23; 26(10): R412-4.

48 · A. N. Meltzoff, M. K. Moore. Imitation of facial and manual gestures by human neonates. Science 1997. OCt 7; 198(4312): 74-8.

49 · Masako Myowa-Yamakoshi, Masaki Tomonaga, Masayuki Tanaka, Tetsuro Matsuzawa. Imitation in neonatal chimpanzees (Pan troglodytes). Dev Sci. 2004 Sep; 7(4): 437-42.

50 · Emese Nagy, PeterMolnar. Homo imitans or homo provocans? Human imprinting model of neonatal imitation. Infant Behavior & Development 2004; 27: 54 – 63.

신생아 감각발달

51 · Jean-Pierre Lecanuet, Benosit Schaal. Sensory performances in the human foetus: a brief summary of research. Intellectica, 2002; 34: 29-56.

52 · John N. Constantino, Stefanie Kennon-McGill, Claire Weichselbaum, Natasha Marrus, Alyzeh Haider, Anne L Glowinski, Scott Gillespie, Cheryl Klaiman, Ami Klin, Warren Jones. Infant viewing of social scenes is under genetic control and is atypical in autism. Nature 2017 Jul 20; 547(7663): 340-344.

53 · Rebecca T. Leeb, F. Gillian Rejskind. Here's Looking at You, Kid! A Longitudinal Study of Perceived Gender Differences in Mutual Gaze Behavior in Young Infants. Sex Roles 2004; 50: 1-14.

성차

54 · J. A. Will, A. Self, N. Datan. Maternal behavior and perceived sex of infants. Am J Orthopsychiatry. 1976 Jan; 46(1): 135-9.

55 · Rosen, Warren D. Adamson, Lauren B. Bakeman, Roger. An Experimental Investigation of Infant Social Referencing: Mothers' Messages and Gender Differences. Developmental Psychology 1992; 28(6): 1172-1178.

56 · https://youtu.be/j2C8MkY7Co8

신생아의 울음

57 · Scott-Jupp R. Why do babies cry? Arch. Dis. Child 2018; 0: 1 – 3.

58 · Debra M. Zeifman, Ian St. James-Roberts. Parenting the Crying Infant. Curr. Opin. Psychol. 2017 June; 15: 149 – 154.

59 · M. Pérez-Hernández, M. Hernández-González, R. M. Hidalgo-Aguirre, C. Amezcua-Gutiérrez, M. A. Guevara. Listening to a baby crying induces higher electroencephalographic synchronization among prefrontal, temporal and parietal cortices in adoptive mothers. Infant Behav Dev. 2017 May; 47: 1-12.

60 · A. Underdown, J. Barlow, V. Chung, S. Stewart-Brown. Massage intervention for promoting mental and physical health in infants aged under six months (Review) The Cochrane Database Syst Rev. 2006 Oct 18; (4): CD005038.

61 · Jasim Anabrees 1, Flavia Indrio, Bosco Paes, Khalid AlFaleh. Probiotics for infantile colic: a systematic review. BMC Pediatr. 2013 Nov 15; 13: 186.

신생아의 수면문제

62 · Behavioral Interventions for Infant Sleep Problems: A Randomized Controlled Trial. PEDIATRICS Volume 1 37, number 6 , J une 2016.

63 · Behavioral Treatment of Bedtime Problems and Night Wakings in Infants and Young Children. SLEEP 2006;29(10):1263-1276.

64 · Sabine Seehagen, Carolin Konrad, Jane S. Herbert, Silvia Schneider. Timely sleep facilitates declarative memory consolidation in infants. PNAS 2015; 112 (5): 1625-1629.

65 · Manuela Pisch, Frank Wiesemann, Annette Karmiloff-Smith. Infant wake after sleep onset serves as a marker for different trajectories in cognitive development. J. Child Psychol. Psychiatry. 2019 Feb; 60(2): 189-198.

66 · Almut Hupbach, Rebecca L Gomez, Richard R Bootzin, Lynn Nadel. Nap-dependent learning in infants. Dev. Sci. 2009 Nov; 12(6): 1007-12.

67 · Rebecca H. Berger, Alison L. Miller, Ronald Seifer, Stephanie R. Cares, Monique K.

LeBourgeois. Acute Sleep Restriction Effects on Emotion Responses in 30- to 36-Month-Old Children. J. Sleep Res. 2012 June; 21(3): 235 – 246.

68 · Jean-Philippe Chaput, Casey E. Gray, Veronica J. Poitras, Valerie Carson, Reut Gruber, Catherine S. Birken, Joanna E. MacLean, Salomé Aubert, Margaret Sampson, Mark S. Tremblay. Systemic review of relationships between sleep duration and health indicators in the early years (0-4 years). BMC Public health 2017. Nov 20; 17(Suppl 5): 855.

69 · Ginette Dionne, Evelyne Touchette, Nadine Forget-Dubois, Dominique Petit, Richard E. Tremblay, Jacques Y. Montplaisir, Michel Boivin. Associations Between Sleep-Wake Consolidation and Language Development in Early Childhood: A Longitudinal Twin Study. SLEEP 2011; 34(8): 987-995.

70 · Alison L. Miller, Ronald Seifer, Rebecca Crossin, Monique K. Lebourgeois. Toddler's Self-Regulation Strategies in a Challenge Context are Nap-Dependent. J Sleep Res. 2015 June; 24(3): 279 – 287.

71 · Fan Jiang. Sleep and Early Brain Development. Ann. Nutr. Metab. 2019; 75(suppl 1): 44 – 53.

72 · Mathew Ednick, Aliza P. Cohen,Gary L. McPhail, Dean Beebe, Narong Simakajornboon, Raouf S. Amin. A Review of the Effects of Sleep During the First Year of Life on Cognitive, Psychomotor, and Temperament Development. SLEEP 2009; 32(11): 1449-1458.

73 · Desana Kocevska, Ryan L. Muetzel, Annemarie I. Luik, Maartje P. C. M. Luijk , Vincent W. Jaddoe, Frank C. Verhulst, Tonya White, Henning Tiemeier. The Developmental Course of Sleep Disturbances Across Childhood Relates to Brain Morphology at Age 7: The Generation R Study. Sleep 2017 Jan 1; 40(1).

74 · Mona F. Philby, Paul M. Macey, Richard A. Ma, Rajesh Kumar, David Gozal, Leila Kheirandish-Goza. Reduced Regional Grey Matter Volumes in Pediatric Obstructive Sleep Apnea. Sci Rep. 2017; 7: 44566.

신생아의 미각

75 · Gillian Harris, Helen Coulthard. Early Eating Behaviours and Food Acceptance Revisited:

Breastfeeding and Introduction of Complementary Foods as Predictive of Food Acceptance. Curr. Obes. Rep. 2016; 5: 113 – 120.

76 · Valentina De Cosmi, Silvia Scaglioni, Carlo Agostoni. Early Taste Experiences and Later Food Choices. Nutrients. 2017 Feb; 9(2): 107.

77 · Catherine A. Forestell. Flavor Perception and Preference Development in Human Infants. Ann. Nutr. Metab. 2017; 70(suppl 3): 17-25.

78 · Sarah J. Mason, Gillian Harris, Jacqueline Blissett. Tube Feeding in Infancy: Implications for the Development of Normal Eating and Drinking Skills. Dysphagia 2005; 20: 46 – 61.

79 · Kameron J. Moding, Cynthia A. Stifter. Does Temperament Underlie Infant Novel Food Responses?: Continuity of Approach – Withdrawal From 6 to 18 Months. Child Dev. 2018 July; 89(4): e444-e458.

언어발달

80 · Betty Hart, Todd Risley. The Early Catastrophe: The 30 Million Word Gap by age 3. American Educator 1995; 27(1): 4-9.

81 · J. Harasty, K. L. Double, G. M. Halliday, J. J. Kril, D. A. McRitchie. Language-Associated Cortical Regions Are Proportionally Larger in the Female Brain. Arch. Neurol. 1997; 54: 171-176.

82 · J. L. Shucard, D. W. Shucard, K. R. Cummins, J. J. Campos. Auditory evoked potentials and sex related differences in brain development. Brain Lang. 1981 May; 13(1): 91-102.

83 · http://archive.gameswithwords.org/WhichEnglish/

신생아의 기질

84 · C. Robert Cloninger, Kevin M. Cloninger, Igor Zwir, Liisa Keltikangas-Järvinen. The complex genetics and biology of human temperament: a review of traditional concepts in relation to new molecular findings. Translational Psychiatry 2019; 9: 290.

감정

85 · Aaron D. Boes, Amanda Hornaday Grafft, Charuta Joshi, Nathaniel A. Chuang, Peg Nopoulos, Steven W. Anderson. Behavioral effects of congenital ventromedial prefrontal cortex malformation. BMC Neurology 2011; 11: 151.

86 · Goran Šimić, Mladenka Tkalčić, Vana Vukić, Damir Mulc, Ena Španić, Marina Šagud, Francisco E. Olucha-Bordonau, Mario Vukšić, and Patrick R. Hof. Understanding Emotions: Origins and Roles of the Amygdala. Biomolecules 2021; 11: 823.

신생아와 과학

87 · Susan J. Hespos, Kristy Vanmarle. Physics for infants: characterizing the origins of knowledge about objects, substances, and number. WIREs Cogn. Sci. 2012; 3: 19 – 27.

88 · Field, D. Can Preschool Children Really Learn to Conserve? Child Development 1981; 52(1): 326-334.

89 · M. Hendler, P. Weisberg. Conservation Acquisition, Maintenance, and Generalization by Mentally Retarded Children Using Equality-Rule Training. J. Exp. Child Psychol. 1992 Jun; 53(3): 258-76.

마시멜로 테스트

90 · Calarco, Jessica McCrory (2018-06-01). "Why Rich Kids Are So Good at the Marshmallow Test". The Atlantic.

정서발달

91 · H. T. Chugani, M. E. Behen, O. Muzik, C. Juhász, F. Nagy, D. C. Chugani. Local Brain

Functional Activity Following Early Deprivation: A Study of Postinstituionalized Romanian Orphans. Neuroimage 2001; 14(6): 1290-301.

92 · Charles H. Zeanah, Charles A. Nelson, Nathan A. Fox, Anna T. Smyke, Peter Marshall, Susan W. Parker, Sebastian Koga. Designing research to study the effects of institutionalization on brain and behavioral development: the Bucharest Early Intervention Project. Dev. Psychopathol. 2003 Fall; 15(4): 885-907.

93 · Kim Chisholm, Margaret C. Carter, Elinor W. Ames, Sara J. Morison. Attachment Security and indiscriminately friendly behavior in Children adopted from Romanian orphanages. Dev. Psychopathol. 1995; 7(2): 283-94.

94 · Margaret A. Sheridan, Nathan A. Fox, Charles H. Zeanah, Katie A. McLaughlin, Charles A. Nelson. Variation in neural development as a result of exposure to institutionalization early in childhood. Proc Natl Acad Sci U S A. 2012 Aug 7; 109(32): 12927–12932.

95 · Nim Tottenham, Todd A. Hare, Brian T. Quinn, Thomas W. McCarry, Marcella Nurse, Tara Gilhooly, Alexander Millner, Adriana Galvan, Matthew C. Davidson, Inge-Marie Eigsti, Kathleen M. Thomas, Peter J. Freed, Elizabeth S. Booma, Megan R. Gunnar, Margaret Altemus, Jane Aronson, B. J. Casey. Prolonged Institutional rearing is associated with Atypical large amygdala volume and difficulties in emotion regulation. Dev. Sci. 2010 Jan 1; 13(1): 46-61.

성차, 고정관념 위협

96 · https://uis.unesco.org/en/topic/women-science; Women in the STEM workforce 2016
97 · www.stemwomen.co.uk/blog/2018/03/useful-statistics-women-in-stem
98 · Steffens, Melanie C. Jelenec, Petra Noack, Peter. On the leaky math pipeline: comparing implicit math gender stereotypes and math withdrawal in female and male children and adolescents. J. Edu. Psychol. 2010; 102(4): 947–963.
99 · Lin Bian, Sarah-Jane Leslie, Andrei Cimpian. Gender stereotypes about intellectual ability emerge early and influence children's interests. Science. 2017 Jan 27; 355(6323): 389-391.
100 · Steven J. Spencer, Claude M. Steele, Diane M. Quinn. Stereotype threat and women's

math performance. J. Exp. Soc. Psychol. 1999; 35: 4-28.

101 · Amy E. Bell, Steven J. Spencer, Emma Iserman, Christine E. R. Logel. The effects of stereotype threat on women's performance on the fundamentals of engineering exam. BELL, AMY & Iserman, Emma & LOGEL, CHRISTINE. (2003). J. Engineering Edu. 92. 10.1002/j.2168-9830.2003.tb00774.x.

102 · Bargh J. A., Chen, M., Burrows, L. Automaticity of social behavior: direct effects of trait construct and stereotype-activation on action. J. Pers. Soc. Psychol. 1996 Aug; 71(2): 230-44.

103 · Eccles, Jacquelynne S. Jacobs, Janis E. Harold, Rena D. Gender role stereotypes, expectancy effects, and parents' socialization of gender differences. J. Soc. Issues. 1990; 46(2): 183-201.

104 · Victor Lavy, Edith Sand. On the origins of gender human capital gaps: short and long term consequences of teachers' stereotypical biases. Working Paper 20909, National Bureau of Economic Research (2015).

105 · Sapna Cheryan, Victoria C. Plaut, Paul G. Davies, Claude M. Steele. Ambient belonging: How stereotypical cues impact gender participation in computer science. J Pers. Soc. Psychol. 2009 Dec; 97(6): 1045-60.

공감각에 대한 성차, 사회적 영향, 장난감 문제

106 · Lisa A. Serbin, Diane Poulin-Dubois, Julie A. Eichstedt. Infants' responses to gender-inconsistent events. Infancy 2002; 3(4): 531-42.

107 · Vasanti Jadva, Melissa Hines, Susan Golombok. Infants' preferences for toys, colors and shapes: sex differences and similarities. Arch. Sex Behav. 2010 Dec; 39(6): 1261-73.

108 · Todd, Brenda, Barry, John, Thommesssen, Sara. Preferences for gender-typed toys in boys and girls aged 9 to 32 months. Infant and child development 2017; 26(3).

109 · Melissa Hines, Vickie Pasterski, Debra Spencer, Sharon Neufeld, Praveetha Patalay, Peter C. Hindmarsh, Ieuan A. Hughes, Carlo L Acerini. Prenatal androgen exposure alters girls' responses to information indicating gender-appropriate behavior. Philos. Trans. R. Soc.

Lond. B. Biol. Sci. 2016 Feb 19; 371(1688): 20150125.

110 · Shenouda, Christine K, et Judith H. Danovitch. Effects of gender stereotypes and stereotype threat on children's performance on a spatial task. Revue internationale de psychologie sociale 2014; 27(3-4): 53-77.

111 · Irwin Silverman, Jean Choi, Michael Peters. The hunter-gather theory of sex differences in spatial abillities: Data from 40 countries. Arch. Sex Behav. 2007 Apr; 36(2): 261-8.

112 · S. G. Vandenberg, A. R. Kuse. Mental rotations, a Group test of three dimensional spatial visualization. Percept. Mot. Skills. 1978 Oct; 47(2): 599-604.

113 · Richard J. Smith. Relative size versus controlling for size: interpretation of ratios in research on sexual dimorphism in the human corpus callosum. Current Anthropology 2005; 46(2).

114 · B. A. Shaywitz, S. E. Shaywitz, K. R. Pugh, R. T. Constable, P. Skudlarski, R. K. Fulbright, R. A. Bronen, J. M. Fletcher, D. P. Shankweiler, L. Katz, et al. Sex differences in the functional organization of the brain for language. Nature. 1995 Feb 16; 373(6515): 607-9.

뇌의 가소성, 성차의 극복

115 · Eleanor A. Maguire, David G. Gadian, Ingrid S. Johnsrude, Christopher D. Frith. Navigation-related structural change in the hippocampi of taxi drivers. BIOLOGICAL SCIENCES. 2000 March 14; 97 (8): 4398-4403.

116 · Cherney, Isabelle D. Mom, Let me play more computer games: They improve my mental rotation skills. Sex Roles 2008; 59(11-12): 776-86.

117 · Jing Feng, Ian Spence, Jay Pratt. Playing an action video game reduces gender difference in spatial cognition. Psychol Sci. 2007 Oct;18(10):850-5.

118 · Richard J Haier, Sherif Karama, Leonard Leyba & Rex E Jung. MRI assessment of cortical thickness and functional activity changes in adolescent girls following three months of practice on a visual-spatial task. BMC Research Notes 2009; 2(1): p174.

119 · Cakmak, Sedanur, Isiksal, Mine, Koc, Yusuf. Investigating Effect of Origami-Based Instruction on Elementary Students' Spatial Skills and Perceptions. J Edu. Res. 2014;

107(1): 59-68.

120 · World Selfesteem Plot. https://selfesteem.shinyapps.io/maps

121 · Katie J Van Loo, Robert J Rydell. On the experience of feeling powerful: Perceived power moderates the effect of stereotype threat on women's math performance. Pers. Soc. Psychol. Bull. 2013 Mar; 39(3): 387-400.

122 · Seoyoung Ha, Sae-Young Han. On the Relationship Between Mothers' and Fathers' Parenting Behaviors and Children's Explicit and Implicit Self-Esteem. Korean J. Child Stud. 2021; 42(6): 679-694.